始める技術 続ける技術

一流アスリート
に学ぶ
成功法則

中野ジェームズ修一
Shuichi James Nakano

さくら舎

はじめに

途中でやめてしまう、続けられない、三日坊主、計画倒れ……。

何ごとであれ、一つの事柄を継続していこうとした場合に、よくありがちなことです。どなたも経験していることではないでしょうか。

もちろん、私にも、その経験があります。

ですが、この本で最初に強調しておきたいのは、これらをいけないことだと思うのは、基本的に大きな間違いだという点です。

それだけで自分を「ダメな人間だ」などと決めつけたりしないでください。

私はこれまでにいろいろな人たちと出会ってきました。

このような仕事に従事していると、大企業の経営者、スポーツ界のトップアスリート、人生経験豊かな年配の方も含め、さまざまな分野の人とお話をする機会があります。

でも、これまでお会いした人たちの中に、「自分は挫折したことはない」とか、「途中でやめたことはない」、「怠けたことはない」、そんなふうに断言する人は、ただの一人もいません。

「やってみたけど、失敗して、やめてしまったことがある」

一度や二度でなく、誰もがそういうことを経験し、繰り返してきたことがわかります。

この事実が何を意味しているかというと、自分が途中でやめてしまったこと、挫折してしまったこと、怠けてしまったことを、いけないことだと思ってしまうことが、次のステップに上がれない大きな要因になっているのではないか、ということです。

けっしてあなたの意志が格段に弱いわけではありません。

これまでにどんなに大きな成功を手にした人でも、誰もが同じようなことを経験しているのです。あなたの場合、たまたまそこからの脱出法、克服の仕方がわからなかっただけなのです。


私は講演会や雑誌の取材など、いろいろなところでお話をさせていただく機会もありますが、そういうときによく「モチベーション」という言葉を使います。

「行動に駆り立てる動機づけ」、いわゆる「やる気」のことで、この言葉を使って仕事をしているようなものです。

そこでよく尋ねられるのは、

「どうやったらモチベーションを継続できますか？」

特に講演会などでは、ひと言で簡潔に答えなければならないことが多いので、そんなときには、こんなふうに答えることにしています。

「どんな人でも、自分が楽しいと感じていることなら、途中でやめたりしないでしょう」

つまり、続けられない、途中で放り出してしまうというのは、それが楽しくないからではないでしょうか。

たとえばプラモデルをつくることが好きな人は、誰にいわれなくても、それこそ時間を忘れてプラモデルをつくり続けるでしょう。運動するのが好きなら、誰に強制されなくても、運動を継続するでしょう。

楽しければ好きになります。好きなことは、やめられません。

運動をやめてしまったのは、ただ単に、その運動が楽しくなかったからです。

続けられなかったのは、楽しいと思うものが見つけられなかった、それだけのことなのです。けっして、あなたが「ダメ人間」、「怠け者」だからではありません。

たとえば、ダイエットをしたい、禁煙したい、仕事を続けたい……そういうときに、その目的に合致した方法は一つしかないというわけではありません。ですから、いまやっていることが続けられないと思ったら、「自分が楽しいと思う方法」を探せばいいのです。

続けられないのは、まだそれに出会えていないだけのことです。

仕事は、世の中に一つしかないわけではありません。ダイエットをしたいと思って運動する場合も、有酸素運動はなにもランニングに限ったことではありません。エアロバイクもあれば、水泳もあれば、さまざまな種類があります。

その中で、自分が楽しいと思う仕事や運動法に出会えていなかっただけのことなのです。したがって、自分をダメな人間と決めつけてふさぎ込んでいるより、楽しみを探す努力をするほうが、はるかに有意義です。

ウォーキングを始めたが、なかなか思うように続かず、結局は三日坊主に終わってしまったとします。それなのに、また同じようにウォーキングを始めようと思っても、それが楽しくなければ、結果は同じことでしょう。

ダイエット目的で有酸素運動をずっと続けようと思ったら、楽しいとは思えないランニングにかけている時間を、もっと楽しいと思えるものに切り替えていったほうが、より長続きできるし、より早くゴールに近づけるのではないでしょうか。

「続かないことをダメだと決めつけない」
「続けられないのは、それが楽しくないから」

以上の二つのことをまず念頭においていただいて、

〈続けるためには〉

①具体的にどんなふうに方向づけをしたらいいか
②目標をどのように設定したらいいか
③それを達成できなかったときにはどうしたらいいか
④いかにしたら気持ちをもちなおすことができるか

といったことを、これからご紹介したいと思います。

本書をお読みいただく前に、もう一つ知っておいていただきたいのは、世の中にはいろいろな性格の人がいるということです。

ですから、最初から最後まですべてが、あなたにとってのベストメソッド（最良の方法）ではないはずです。あなたに合うものと合わないものが必ずあります。

本書の中で、「こういう方法で、こういう考え方だったら、自分に合うな」というものが見つけられたら、それがあなたの性格に合ったやり方かもしれません。

そういうものだけをピックアップして、ご自身の「やり遂げる力」を高めるために活用してみていただきたい、というのが、筆者からのお願いです。

中野《なかの》ジェームズ修一《しゅういち》

目次

第2章 人間はみな「サボる」生き物である

第3章 「続ける技術」とはイメージ力と計画力

第4章 ランニング、ストレッチで始める「続ける習慣」のつくり方

第5章 最後まで確実にやり遂げるコツ

はじめる技術　続ける技術

――一流アスリートに学ぶ成功法則

第1章

「はじめる技術」が一流と二流を分ける

1

トップアスリートは目標設定の仕方が違う

大きな夢をもつ子に限ってあきらめが早い理由

テニスのコーチから、ジュニアの選手と会って話をしてほしいと依頼されることがあります。

そのときに、私はよく子どもの選手たちとこのような話をします。

「君はどうなりたいの？　どうしたいのかな？」

すると、こんな答えが返ってきます。

「ぼくはウィンブルドンに出たいんです」

「では、ウィンブルドンに行くために、いまは何をしたらいいと思うかな？」

「はい、頑張って練習をするだけです」

このように答える子は、まず長くは続きません。

2～3年もすると、「もうあきらめました」といってやめていきます。そういう子どもや若者たちを何人も見てきました。

「ウィンブルドンに行きたい」と将来の希望を述べるのはいいのですが、テニスを始めたばかりの少年がそれを実現させうるのは、いつ頃のことでしょうか。

目標をはるか先、それも目いっぱい高いところに設定してしまうと、「いま、何をどうすべきか」が思い浮かばないため、ただ漠然と「頑張る」だけになってしまいます。

これでは具体的な成果が明確には見えてきませんから、長続きしないのは当然でしょう。**目標は夢とは違います。**決めた時間内に実現可能な範囲で具体的に設定しなければ、達成感は得られません。

それがなければ楽しくありませんから、すぐにあきてしまって、モチベーションを維持できなくなります。

詳しくは後述しますが、私が最初に聞いた**「どうなりたいのか」という部分は「動因」**といって、その人がもっている欲求や願望のことです。それに対し、**「そのためにどうしたらいいか」を「誘因」**といいます。

この動因と誘因が組み合わさって「やる気」、つまりモチベーションが生まれ、そこから具体的な活動が始まります。

簡単に「金メダルをとりたい」という人

「金メダルをとりたい」

これも同じことです。

トップアスリート、特にオリンピックを目指すレベルにあるスポーツ選手だったら、誰もが世界のトップの座に立ちたい、メダルをとりたいと思っているはずです。メダルがほしくないと思っている選手はいないでしょう。

だから、「メダルをとる」が目標になっていることは間違いないでしょう。

では、みんながそれを目指して、毎日、懸命に頑張っているかというと、実際はそんなことはありません。そこを勘違いしている人が、とても多いように思われます。

「メダルをとりたい、メダルがほしい」と思ってがむしゃらにやっている人は、結局、国内予選で一回戦敗退とか、ほとんど上にいけないままで終わるのが定番です。

なぜ、そうなるのでしょうか。

ようするに、目標設定の仕方が不適当だからです。

たとえば、民間会社の新人社員が、「ぼくはこの会社の社長になりたい」といったとし

22

ます。いきなり頂点を目指すというわけですから、オリンピック選手にたとえれば、「金メダルをとりたい」と同じです。

でも、ごく普通の会社員がいくらそのようなことをいったとしても、急にそうなれるわけはありません。オリンピックを目指す選手が「メダルをとりたい」というのも、それと同じことなのです。

そうなるためには、そこに行くまでの過程があり、段階的な手順を踏んで一歩ずつ上がっていかなければなりません。

トップアスリートは「はじめる技術」をもっている

一流のオリンピック選手なら、メダルに到達するまでのあいだに自分が上っていくべきステップが、明確に設定されています。

一段ずつ上っていく階段の一つ一つが、その選手にとっての目標なのです。

階段を一つ上ったら、その上の階段に上ることが、次の目標になります。

つまり、メダルそのものが目標ではなく、そうした階段を一段ずつクリアし、最後に上りきったところでたまたまメダルが手に入るというのが実態です。

ですから、そのようなものとして、目標を細かく設定していかなければならないわけです。

つまり、「はじめる技術」が必要になってくるのです。

そこが、一流になる人と二流以下で終わってしまう人との差です。

「メダルをとる」という目標ははるか上のほうに置いておき、実際には、「今日はこの階段を一段だけ上る」というのが、現実的な目標設定の要領です。

たとえば、テニスの選手が4年後のオリンピックでメダルをとりたいと思ったら、自分はいま世界ランキングのどの辺に位置していなければならないか、といった目標を想定します。

世界ランキングで三桁の選手が、急に一桁になったりはしません。

そこでまず、「今年は世界ランキングを10番上げよう」といった目標を設定します。

今年中に10番上げるとなると、今月は一つ、二つぐらいは上げておかなければならないだろう。そのためには、三つぐらいの試合に出て、8割以上の勝率をあげておかなければならないだろう……。

このようにして、今月中にこなしておかなければならない試合数が決まり、そこで何勝するかという目標が決まります。

その階段を上ることができたら、一つ上ることができたという達成感が、次のステップへのモチベーションにつながります。

24

これが、トップアスリートたちの「はじめる技術」です。

勝負ごとの世界には、ランキングを一つ上げるために、どうしても倒しておかなければならない相手がいるものです。その相手に勝つためには、自分の弱点を補強し、克服しておかなければなりません。

このように考えていくと、たとえばここ半年間はその技術を高めるための練習とトレーニングをしよう、ということになって、おのずと明確な目標が定まってきます。

そこを集中して鍛えて相手に勝ったら、その次は……というようにして、一つずつ明確な目標が決まってきます。

一流の選手は、このようにして自分の目標を決めていくのです。

2 性格によって二つの目標設定の方法がある

① 自分の目標をすべて一人で決めていくタイプ

多くの選手を見ていると、そうした階段（目標）を決めるのに、二つのタイプがあることがわかります。

「自分が上るべき階段をすべて一人で決めていくタイプ」と、**「コーチとかフィジカルトレーナー、栄養士等の意見を聞いて決めていくタイプ」**です。

前者の例はテニスのクルム伊達公子《だてきみこ》選手、後者の好例が卓球の福原愛《ふくはらあい》選手でしょう。

これは、所属するチームの事情もありますが、主としてその人の性格によります。

自分の階段を明確に決められる選手は、周りからいろいろなことをいわれても、まったく動じません。「いや、自分はこう思う」と、自分を信じきっています。

たとえちょっとくらい階段を踏みはずしたとしても、自分で決めたことなので、あまり後悔もしないようです。

イチロー選手なども、おそらくこのタイプでしょう。

このタイプの選手はきわめて少ないけれど、とてもストイックで、ほとんど脇見をしません。そのため、私のような立場の者が何かをいっても、なかなか聞いてもらえないところがあります。それはそれで、その選手のスタイルであり、持ち味、個性です。何も悪いことはありません。

個人スポーツだからどうとか、団体競技だからこうとかという区別もありません。

会社の仕事では、何でも自分で決めて周囲の意見を聞かないというと、なんとなく社会的にはマイナスに思われるかもしれません。

しかし、そうしたやり方で会社の業績を着実にあげている人もいます。

反対にダメになってしまう人もいますが、それはその人の人生ですから、こちらがとやかくいう筋合いのものではないでしょう。

② 協力者を集めて目標をつくりあげるタイプ

自分が上の地位に立ったとき、周囲に自分にない専門家を集めようとする人は、たいてい後者です。

自分に欠けている部分があれば、その方面に長《た》けた人からアドバイスをもらいながら、階段を上っていこうとします。

世の中では、何でも自分で決める人のほうが一流と思いがちですが、そんなことはありません。たとえば福原愛選手は専門の栄養士をつけたり、自分が信頼できるスタッフを集めたりするタイプです。

そのかわり、スタッフのいうことは忠実に守るし、自分の意見もいいながら、自分なりの階段をつくっていきます。

どちらのタイプでも、一流選手は一流です。

二流の選手というのは、結局、どっちつかずのところがあります。ものごとを自分では決められないけれど、周囲の意見も信用しきれない。

あるいは、他人の意見にすぐ左右されて、いつもあっちこっちにふらついている。周囲の意見も、聞く部分もあれば、聞かない部分もあって、一貫性がない。

たとえば、トレーナーが何かをいったときに、自分ではそうは思わないけれど、トレーナーのいうことに逆らっては悪いから「わかりました」と答えておこう、といった中途半端な選手は、なかなかそれ以上に伸びていかないものです。

むしろ、納得がいかなければ反発するといった選手のほうが、上にいく可能性が高いといえます。

人それぞれに性格がありますから、トレーナーのほうもタイプによって指導法を変えていく必要がありますが、私たちが見れば、その人がどちらのタイプかはすぐにわかります。それよりも、選手本人が自分自身を客観的にとらえて、自分はどちらのタイプなのかを見きわめておくことがとても重要です。

3 人間が潜在的にもつ願望・欲望は100個以上ある

自分がしたいことを、本当にわかっているか？

「いま現在のあなたの欲求や願望を、100個、書き出してみてください」

前述の動因・誘因でいうと、一つ一つの階段（目標）が動因であり、そこをいかにして上るかという方法論が誘因です。

この二つの要素が絡み合って、やる気に紡ぎ出されます。

まず、動因をいかにして見つけるかが重要になります。

そこで、私は選手たちに、自分がいまやりたいこと、なりたいことを、できるだけ100個近く書いてもらうようにしています。

年に一度は自分でも実践していますし、事務所のスタッフにもやってもらっています。

たとえば女性だったら、顔のシミをとりたいとか、おなかの脂肪を落としたい、髪型を変えたい、足の指が曲がっているのを治したいとか、ブランドもののバッグがほしい……とか、思いつくすべてをあげていくと、人間が潜在的にもっている願望は100個以上あるといわれています。

でも、いざ紙に書き出すとなると、30個ぐらいから先は、なかなか思い浮かばないのではないでしょうか。最初は誰でもその程度です。それは、自分自身のことを客観的に見る習慣がついていないからでしょう。

どんなにつまらないと思われることでもかまわないので、とにかくどんどん書き出してください。これは書いてもらうだけです。他人に見せる必要はないし、私もほかの人の書いたものは見ません。中には他人に知られたくないこともありますから、見られるとなると、すべてを書き出せなくなってしまいます。

自分を客観視すると、動因が見えてくる

自分で100個を探して書き出していくと、だんだん楽しくなってきます。

慣れてくると、自分でもおもしろいように、いろいろなことが出てきます。いままで気

にもしていなかったこと、あるいは自分でも知らなかった自分が見えてきたりしますので、ぜひ実践してみてください。

第3章で詳しくふれますが、**この作業の目的は、自分を客観視することです。**

自分がどうしたいのか、つまり、自分の願望や欲望が具体的にわかっていなければ、そのためにはどうしたらいいかもわかりませんし、それでは何も続けることはできません。

人の気持ちにはレベルがあります。願望の中でも、何としてもいますぐ叶えたいもの、叶えばいいなという程度のもの、どうせダメだろう、絶対に無理だろう……とか、いろいろなものがあります。

１００個ほど書き出したら、それを自分の気持ちのレベルで分類していきます。すると、空想や実現不可能なものは自然に排除されて、現実の自分の動因というものがセレクトされてきます。人によって異なりますが、私の場合、今年は最終的に5個まで絞りました。

このようにして今年1年間で達成したい動因をセレクトできたら、それを実現させるためにはどうしたらいいか（誘因）を考えるわけです。

このようにして自分の動因をあぶり出し、小さな階段をいくつもつくっていきます。

そこを一つ上るたびに達成感が得られ、それがもう一つ先を目指そうとするやる気を引き出していきます。

「動因」＝「どうなりたいのか（**自分がもつ欲求や願望**）」

「誘因」＝「そのためにどうしたらいいか（**叶える方法や手段**）」

動因と誘因が組み合わさって「やる気」が生まれる

まず、動因をいかにして見つけるかが重要

人間が潜在的にもっている願望は 100 個以上ある

・今年こそ課長に昇進したい　・このプロジェクトを必ず成功させたい
・将来、起業してみたい　・英語で仕事ができるようになりたい
・タワーマンションに住んでみたい　・フルマラソンを完走したい
・アメリカ横断旅行がしたい　・勉強して資格を取得したい
・本を年間で100冊は読みたい　・筋肉を鍛えて逞しい体になりたい
・あと5キロ痩せたい　・彼女がほしい　・ブランドバッグがほしい
・レストラン○○で最高級ステーキを食べたい etc.

この作業の目的は、
自分を客観視すること

100個書き出すことで、
自分はどういう人間なのかが見えてくる

4

力を最大限に発揮させる秘訣「セルフエフィカシー」

「自分にもできる」という感覚をもてるかどうか

最も高い目標を一つだけしか設定しないというやり方は、往々にして失敗するケースが多いものです。

心理学の分野に、**「セルフエフィカシー」**という概念があります。「自己効力感」ともいいますが、わかりやすくいえば、**「自分にもできるんだ」という見込み感**のことです。

そして、成功体験をいくつも重ねていくことで、「自分にもできる」というセルフエフィカシーが高まり、やる気につながっていくといわれています。

一般的に「自信がつく」と理解してもいいでしょう。

たとえば、オリンピックの直後に、自分の目標を、「次のオリンピックでメダルをとる」という一点に限定したとします。

するると、メダルがとれて初めて成功体験になるわけですが、その目標が達成されるのは4年も先の話です。この一つの目標を獲得するためだけに、やる気をずっと継続させるのは、とうてい不可能です。

そこで、そのあいだに小さな目標をいくつも設定し、その一つ一つの階段を着実に上ることで成功体験が蓄積され、やがて大会の直前になって、「自分にもメダルがとれるのではないか」という見込み感が高まっていくわけです。

ロンドンオリンピックの前、私の周囲の選手が異口同音にいっていたことがあります。「自分はここまで階段を上ってきた。できることはすべてやってきた。これでメダルがとれなかったら、もう何をやっても無理だと思う。だから、特に緊張もしていない」

これこそ、本番で緊張もせず、ベストパフォーマンスを発揮できる秘訣ではないでしょうか。そして、そこに、一流と二流どまりとの違いがあるような気がします。

「できる」感覚を高める四つの方法

私たちは選手にセルフエフィカシーを高めてもらうため、次の四つの方法を実践しています。

① **成功体験の繰り返し**――階段を一つずつ上っていくことで成功体験をすり込ませ、これを何度も繰り返す。

② **代理体験**――ランクが同程度の人の成功体験を話して聞かせたり、ビデオでその場面を見せたりする。

③ **言葉による説得**――権威ある人たちから、認めてもらう。

④ **データによる喚起**――練習やトレーニングのときの呼吸や心拍数などを以前と比較し、上達していることを科学的データによって示し、改善の変化を気づかせる。

階段を一つ上るプログラムをやり遂げると、セルフエフィカシーが上昇していきます。**セルフエフィカシーが高まると、次のプログラムを実行しようとする気持ちが強まり、この循環を繰り返すことで、継続性が格段に高くなっていきます。**

オリンピックの試合を前にした選手に対し、周囲は「頑張ってね」などといいます。でも、本人にとっては、そこにくるまでに何年もかけて階段を上り、やっと上りきって目前にしたゴールなのです。そこでどう頑張るかより、そこに上がってくるまでがすごい頑張りであったし、その階段の過程こそが重要なのです。

その目標設定も、仕事の内容とか競技種目によって、1週間単位とか1ヵ月単位など、さまざまです。

会社の仕事の場合、スケジュール帳は1ヵ月単位が多いと思うので、1ヵ月の中で達成する目標を決めて階段を上っていくという手法がわかりやすいのではないでしょうか。

あるいは、月に一度の成功体験では期間が長すぎると思えば、1週間、2週間単位で目標を設定し、その中で達成感を享受していくこともいいでしょう。1ヵ月のあいだに、成功体験が二つ、四つと重なれば、セルフエフィカシーもさらによけいに高まります。

一流アスリートはランクを上げるために何をするか

「金メダルがほしい」と思ったら、それまでのあいだに、どんな動因があるのかを考えていかなければなりません。

たとえば、「今月中にランクを一つ上げたい」と考えれば、その動因を叶えるためにはどうしたらいいか、つまり、誘因が自然と思い浮かんできます。

その一段一段の階段というものは、個人種目で、何でも自分で決めるタイプの人なら、自分でチェックできるでしょうから、他人に知らせる必要はありません。

しかし、チームで動いている選手の場合、自分で管理できる人でも、みんなが同じ方向を向いていなければならないので、周りにも知らせておく必要があります。

さらに、それを自分ではやらない人、できない人については、私たちのようなトレーナーが直接的にかかわっていかなければなりません。

たとえば、自分のランクを一つ上げるという目標を掲げたら、自分よりランクが上の選手と戦って勝つ必要があります。

陸上競技や水泳のようにタイムを競う競技は別ですが、テニスとか卓球のように相手と戦う競技の場合、次の試合で誰と当たるかわかると、その対戦相手を徹底的に研究します。

オリンピックに出るような一流のアスリートにも、必ずウィークポイントがあります。また、そういう選手は、自分のどこに弱点があるかをよく知っています。

ランクが上で、通常にやっていたのでは勝てない相手に勝つには、まず自分の欠点を補強し、さらに相手の弱点を知って、そこをついていかなければなりません。

ですから、補強訓練をするかたわら、相手がプレーしているビデオを繰り返し見ます。試合当日ではわかりませんから、試合の前日、前々日、何週間前、ときには何ヵ月も前から、対戦相手のビデオを徹底的に見て戦術を考えています。

もちろん、コーチ陣や私たちトレーナーも同じです。たとえば、私がフィジカルの専門家として、当人のビデオを解析し、「あなたのウィークポイントはここだと思う」と指摘します。それを技術のコーチと意見を交わし、どこを強化していくかを決め、いつまでにどういうトレーニングをするかを決めていきます。

そのようにして、お互いに専門知識を出し合って決めていく方法もありますが、中には、自分のウィークポイントを自ら申告した上で、そこを修正してほしいと申し出てくる選手もいます。

対戦相手のウィークポイントの解析も同様にして行います。ウィークポイントといっても、人によって違いますから、誰にとってのウィークポイントかが重要です。

ある人にとってはウィークポイントになるけれど、別の選手にとっては、そこが逆に強みであったりします。

対戦競技では相手によって戦術を変えなければならないので、その日のうちに何人かと対戦する場合、当たりそうな人を一人ずつチェックしておかなければなりません。

いずれにせよ、このようにして明確な目標を設定すれば、その対策も具体的に立てることができます。その相手に勝つことによってランクが一つ上がれば、その達成感が次の目標に向かうためのモチベーションとなります。

5 目標を高く設定しすぎる人が陥ってしまうパターン

目標は途中でどんどん修正してよい

一般の人が何かを続けたいと思うとき、最終的な目標は別にして、自分でステップをつくって一つずつ上っていくことが重要になりますが、その目標は、途中で修正してもかまいません。

私自身、もうこれ以上の成果は出ないだろうと思って、目標を修正したことは何度もあります。修正することにためらう必要はないし、罪悪感も無用です。

むしろ、前向きにどんどん修正していくことが大切です。

一般的に会社ではよく、「今年は売り上げを50パーセント伸ばすぞ」とか、「今月は売り上げを100万円上げるぞ」といった目標の立て方をします。しかし、これがすべて正しい目標の立て方とは思えません。

そうではなく、「今月中に100万円上げるためには、今日何をすべきか」という視点から目標を立てて、今日の階段を一つずつ上っていく——これが、ものごとを継続させるための秘訣です。

今月中に100万円以上売り上げると明言したものの、小さな階段を決めておかないと、結局、「どうしよう、どうしよう」で一日が終わり、次の日もまた終わってしまって、何もできないまま、残りはあと3日、などといった状況を招いてしまいがちです。

そして、個人でいえば、このタイプが最も成果を上げられない人たちです。継続力を云々する前に、このように目標の設定の仕方を間違えている人がとても多いのが現状です。

目標が遠くて高すぎたり、階段をつくるにも、一段を高くしすぎたりすると、一つの階段をなかなか上れませんから、達成感が得られません。逆に、疲労感ばかりが蓄積されて、途中で投げ出してしまうことになります。

長く続けられない原因の多くは、ここにあります。

「タイプA行動パターン」の人の特徴

目標を高く設定してしまうのは、いわゆる**「タイプA行動パターン」**の人に多く見られがちです。

アメリカの心臓病学者メイヤー・フリードマンらが提唱した理論ですが、「タイプA行動」の人は、簡潔にいうと、野心的で、競争心が旺盛、人に対してときに敵意をむき出しにする、自尊心が異様に高く、恒常的に時間的切迫感と不安感にとらわれている、といった性格をもっているといわれます。

さらに、しゃべり方が早口で大声、完璧主義で思い込みが激しく、断定的に話すといった行動パターンのほかにも、多くの仕事を抱え、それに没頭し、周囲から高く評価されることを望み、昇進を求める。精神的、肉体的な活動に対して敏速性を重んじ、感覚的にも過敏なところがある、といった特徴があげられています。

こうしたタイプの人には、とうてい無理だろうと思われるような高すぎる目標を設定してしまうため、階段を上ることができず、結局、続けることができなくなるというケースが目立ちます。

このタイプのスポーツ選手の場合も、「4年後にメダルをとりたいなら、今月はどうしたらいいと思うか?」と聞くと、まだ世界のランキングが50番ぐらいなのに、「ランキング10位以内に入る」などと本気で答えたりします。

そういう場合、コーチや私たちが修正してあげなければならないわけですが、自分の性格を自分で知るのは、なかなかむずかしいものです。

そこで、私たちは、タイプAの人にはこんな行動パターンがあり、そういう人は目標の立て方を間違えやすいので気をつけよう、といったことを伝えておきます。

「自分にはけっこうそういうところがあるな」と気づいてくれる人は、目標の立て方にも変化が見られるようになります。

やり手の営業マン、一流を目指す人に多いタイプA

ちなみに、フリードマンらによれば、タイプAの人は冠状《かんじょう》動脈疾患にかかりやすいといわれ、健康上はあまりよくないタイプとされます。特にアメリカでは、「タイプA＝心筋梗塞」というイメージが定着しているほどです。

ビジネスの世界では、やり手の営業マンにこのタイプが目立ち、特に一流を目指している人に多く見られます。そういう人は目標設定が高すぎるため、なかなか成功体験にまでこぎ着けないところがあります。

すると、自分に自信があり、野心と上昇志向が強いため、よけいに自分が許せなくなり、目標をさらに高くしてしまう傾向があります。

タイプAの人にはそうした問題点があるので、目標設定の仕方から修正していかなければならないわけですが、このタイプの人に、自分がタイプAであるということをわからせるのは、なかなか大変です。

誰の中にもタイプAは存在する

タイプにはAからDまであって、タイプBはAと正反対、温厚でいつも平静を保ち、精神的にもリラックスできる人とされます。タイプAの人の心臓疾患発症率は、タイプBの2倍といわれています。

このタイプの人は、精神的に余裕をもっているので、目標も性急に高すぎるところにもっていくことなく、じっくりと立てます。

タイプCは、否定的な感情をあまり表に出さず、うちにため込んでしまう傾向があります。いつも周囲に気をつかい、自己犠牲的で我慢強く、真面目で几帳面。健康的には、ガンにかかりやすい性格傾向といわれています。

タイプDは、いわゆる無気力派で、野心的なものがまったく感じられず、「お金なんて、生きていけるだけあればいい。車もいらない」というタイプ。

「タイプA行動」の人の特徴

1. 目標を達成しようという強い欲求をもつ
2. 競争心が異常に強く、敵意を示しやすい
3. つねに周囲からの高い評価や昇進を望む
4. 多くの仕事に没頭し、いつも時間に追いまくられている
5. 精神的・肉体的活動の速度をつねに早めようとする
6. 精神的・肉体的に著しく過敏である

やり手の営業マン、一流を目指す人に多い「タイプA」

目標を高くしすぎる傾向があるため、
なかなか成功体験にまでこぎ着けない。

そのほかの行動パターンのタイプ

「**タイプB**」＝Aと正反対、温厚でいつも平静を保ち、精神的にもリラックスできる人。精神的に余裕をもっているので、目標も高すぎることもなくじっくりと立てられる。

「**タイプC**」＝否定的な感情をあまり表に出さず、うちにため込んでしまう傾向がある。いつも周囲に気をつかい、自己犠牲的で我慢強く、まじめで几帳面な人。

「**タイプD**」＝いわゆる無気力派。野心的なものがなく、「お金なんて、生きていけるだけあればいい」というタイプ。

ただ、こうしたタイプは生まれつきもっている性格ではなく、後天的に身につけた行動パターンだといわれています。しかも、ほとんどの人が、その場の状況しだいで、タイプAになったり、タイプBになったりしているようです。

ですから、自分がいまタイプAの行動パターンをとっているなと感じたら、ストレスがたまっているかもしれないと思い、休息をとって、心身ともにリラックスするよう心がければいいわけです。

タイプAの改造法については、あとで述べます。ここでは、目標の立て方の基本を覚えておいてください。

6 人は誰でも「続ける力」をもっている

フィジカルトレーナーが必要とされる理由

よく不思議がられるのは、私が卓球やテニスの選手経験があるわけではないのに、どうして福原選手やクルム伊達選手などのトップアスリートのトレーナーをやっていられるのか、ということです。

選手のステップというものは、技術コーチがつくる階段と、フィジカルトレーナーである私がつくる階段とがあって、彼女たちはその両方を並行して上っていかなければならないわけです。

ですから、フィジカルトレーナーは、その競技についての知識がゼロとか、まるでやったことがないというのでは勤まりませんが、別に競技経験者でなければならないということはありません。

従来は、身体の構造をよく知らない技術コーチがフィジカル面まで見ていたため、ときには選手を故障させてしまうという弊害もありました。

たとえば卓球という競技は、フットワークや瞬発性が重要です。

ところが、技術コーチたちがビデオを撮る場合、どうしてもボールの回転とかラケットの出し方といった部分を見たいがために、ほとんど上半身ばかりを撮影しがちです。

私のほうは、選手の足元にしか興味がないので、むしろ下から撮ってほしいのですが、その辺でどうもかみ合わない場合もあります。

フィジカルトレーナーの専門は身体の機能ですから、たとえば、フォアハンドで打つ場合、この関節がどういう角度で動いて、どの筋肉が伸びて、どの筋肉は収縮するかということは、選手本人はもとより、技術コーチよりもよくわかります。

技術的な弱点を修正しようとする場合でも、身体の構造を無視して無理に筋肉を使おうとすると故障してしまうので、私たちとしては、その技術を使うならその筋肉をどうすればいいかという視点からトレーニングさせるわけです。

身体の構造上、無理があれば、そこをやりやすいようにつくり変えてあげるのが、私たちの仕事です。

選手自身にもそれが理解できない場合には、むずかしい専門的な用語は使わず、実感させる方法があります。

それは一時的な効果ですが、そこを緩めるようにしてやると、「あっ、やりやすくなった」といって理解してくれます。

でも、「やりやすくなった」というのは、あくまでも一時的効果にすぎません。一試合の時間分はもたないので、長期的なトレーニングとストレッチなどの必要性を説いて、やってもらうよう仕向けます。その辺が理解できれば、選手も継続して取り組んでくれます。**人は誰でも続けられる力はもっているものです。**ただ、効果を実感し、達成感を味わっていかないと、なかなか継続にはつながっていきません。

アスリートの驚くべき感覚神経

「いま、あなたの体温が何度ぐらいあると思う?」

練習の途中で選手に聞くと、トップアスリートはかなり正確に当てることができます。心拍数も同様です。実際に測ってみると、その正確さには驚かされます。

スポーツ選手とともに食事をしていていつも気づかされるのは、彼らはとても味覚が鋭いということです。隠し味に何が入っているかまで当てる人がけっこういます。

スポーツ選手は基本的に鋭い感覚神経をもっています。そこが一般の人たちとは大きく違う点です。やはり、感覚神経を研《と》ぎ澄まし、集中させるクセがついているからでしょう。その意味では、体感したときの理解度も、一般の人とはもちろん、二流の選手とも違ってきます。

ただ、そこが一流と二流との違いとはいっても、考え方から変えることによって、二流を一流に変えることは可能です。

たとえば、イチロー選手のような一流を目指そうと考えるのは間違いです。おそらく彼は一人で階段をつくれるタイプですが、彼がつくった階段は彼だけのものです。すべての人がそうなれるわけはありません。

逆にいえば、方向性を間違えることなく、継続して実践していけば、一定レベル以上の実力の持ち主なら誰でも、また、チーム全体でも、一流になることができるということです。

第2章

人間はみな「サボる」生き物である

1

サボってしまう……その理由は「逆戻り」の法則にあった

続けられないのは意志が弱いから？

「またサボってしまった。おれは本当に意志が弱い人間だ」

自分のことを、そんなふうに思ったことはありませんか。

やり続けようとしていたことを、時間がなかったからサボってしまったとか、途中でやめてしまったという人は、自分で自分のことを「意志が弱い、ダメな人間なのだ」と思い込んでしまうところがあります。

まず、その考え方を捨ててください。

意志が弱いからではなく、そんなふうに思い込んでいるからよけいに続けられない、ということもあります。

意志が本当に弱かったら、その人は何もかもが続けられないはずです。毎朝出勤することも、毎晩帰宅することも……。でも、けっしてそんなことはないでしょう。できていることもあるはずです。できていることと、できていないことがあって、全部がダメというわけではないはずです。

だから、けっして意志が弱いわけではなく、自分がやろうとしたことの一つが、何らかの理由でたまたま途中でやめたか、続けられなくなったかしただけのことなのです。

その上、続けられるか続けられないか、できたかできないか、つまり、マルかバツかという判定をすること自体が間違っています。１か０か、オール・オア・ナッシングで、全否定してしまうのは、いかにも早計すぎます。世の中は、そんなにはっきりと割り切れるものではないでしょう。

よく考えれば、一つのことがいつまでも続かないというのは、どこにでもあるごく普通の現象ではないでしょうか。雨の日が永久的に続くことはありません。風もいつかはやみます。人間の行動についても、同じことがいえます。

人間は何かをやったら、必ず「サボる」生き物

心理学に**「逆戻り」**という原理があります。

人間は何かをやったら、必ず「サボる」ということをします。この原理は、誰にでも、すべてのものに当てはまります。

たとえば毎日ランニングを続けようと思っている人でも、一回や二回は必ずサボっているはずです。サボることを一回もせずに、何か一つのことをやり続けている人は、おそらくいないはずです。必ず、何らかのかたちでサボっています。

大事なのは、サボっても、またやればいいということです。またやって、またサボる。こういうことをぐるぐると繰り返しながら上がっていくのが人間なのです。だから、なにも自分をダメな人間だなんて決めつける必要はありません。

最もいけないのが、自分自身に対して、敗残者の烙印《らくいん》を押してしまうことです。

一回サボって次にまたやるまでが、1日の人もいれば、1時間の人もいる。1週間、1年、2年の人もいます。

だから、1年前までランニングをしていたけれど、いまはサボっているから、「自分は意志が弱い人間なのだ」ではなく、1年後にまたやってみればいいわけです。それを繰り返していけば、続けたことになります。

たとえば、ランニングをやっても続かないから、今度はエアロビクスをやってみようかなということでもいいです。気持ちを入れ替えてランニングをまたやってもいいでしょう。

「逆戻り」原理＝人間は何かをやったら、必ず「サボる」

やる気は、

やってみる➡サボる➡またやってみる➡あきらめる➡やってみる

といった「逆戻り」の繰り返し

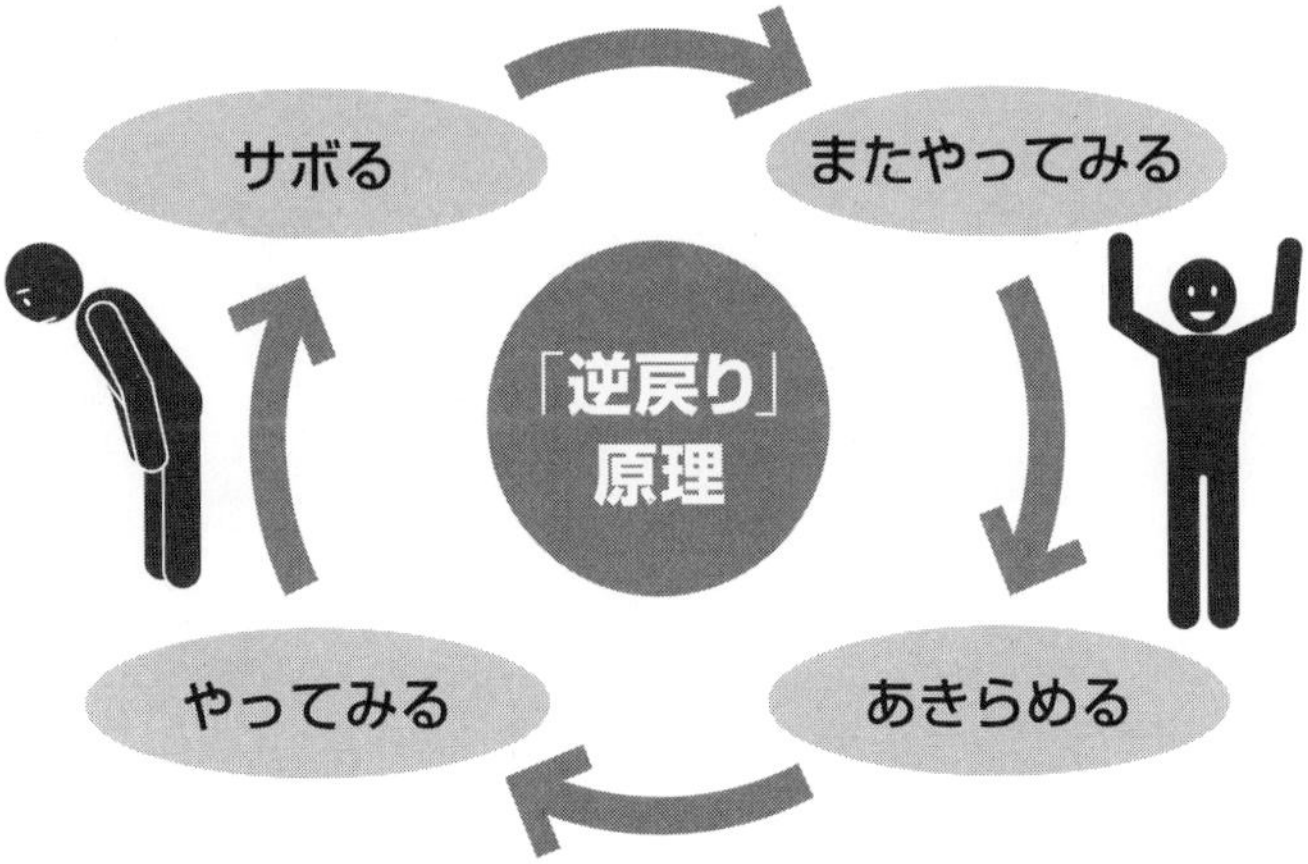

大事なのは、

1.「やるか、やらないか」という考えは捨てる

ランニング、勉強、仕事、ダイエット……続いているように見える人も、みな何らかのかたちでサボっている。この原理はすべての人に当てはまる。

2.もともと「続かない」という気長な姿勢でいる

長年、習慣化したライフスタイルをいきなり変えることは、過剰なストレスであり並大抵なことではない。たとえ断続的でもやり続けてみる。

私は「三日坊主」という言葉が大好きです。

「私は三日坊主でね」といわれると、とても嬉しくなります。

3日も継続できたわけです。それでサボったのなら、その三日坊主を10回続けたらいいでしょう。そうすれば、1ヵ月間、続けたことになります。消費カロリーとしては、まったく同じです。サボっても、またやってみれば、続けたことと同じなのです。

たとえ断続的でも、一つの目標に向かってやり続ければ、必ず成果が上がってきます。それが励みになって、次への意欲につながってきます。

こうしてみてくれれば、やった＝○、やらない＝×、そういう考え方自体が間違っているとわかるのではないでしょうか。

2 「サボることはいいこと」後悔が人を育てる

選手がトレーニングをサボったときに必ず思うこと

オリンピック選手でも、練習やトレーニングをよくサボります。

今日はちょっと天候が悪いから、気分がもう一つ乗らないから……誰にだって、そういうことはあります。それでサボっても、何も問題はありません。

ただ、スポーツ選手の場合、トレーニングをサボったときの決まったパターンがあります。自分が何かやろうと思っていてできなかったとき、家に帰ってから必ず後悔するということです。「ああ、やっておけばよかった」と。

口に出していわないまでも、おそらく誰もがそう思っているはずです。

そして、一度そのように自責の念にとらわれると、次に同じシチュエーションになったときには、「今日もまたサボろうか」などという気にはなりません。

後悔したときの自分がすごくいやなので、逆に、やろうという気になります。

私はトレーナーとして、選手が「今日はちょっとやりたくない」といったときには、「ああ、いいよ」といって許容します。その選手にとっては、そのほうがいいとわかっているからです。

そういうこともなく、ただひたすら続ける選手のほうが、いつかポキンといってしまうのではないかと思うと、ちょっと怖い気がします。サボりたくなるのが、人間としてはむしろ当たり前の行動ですから。

もっとも、私から「いいよ」といわれると、かえってうしろめたい気持ちになり、「でも、まあ、やりますよ」ということになる場合もあります。

一流選手にも、そういうことはよくあります。

やらないより、「やっておいてよかった」

競走種目の選手は別にして、ランニングが嫌いな人はけっこういます。その選手が、今日はランニングにいこうか、でも、走りたくないな、どうしようか……とさんざん悩んだ末に、やはりやっておこうと思い、ランニングをしてから帰ったとします。

その選手が帰宅したあと、「今日は走らなければよかった」と後悔することは、まずありません。どの選手に聞いても、答えは同じです。

「ああ、やっておいてよかった」

ランニングはすべてのスポーツにおいて、最も基本的なトレーニングの一つです。福原愛《ふくはらあい》選手もじつはランニングがあまり得意なほうではありません。だから、いつもランニング練習をサボりたがっています。それでも、「あれだけいやだなと思っていても、走ったときに、走らなければよかったと思ったことは一回もない」といいます。

いやだ、いやだと思いつつも、走ったことで後悔することはまずありませんが、逆に走らなければ必ず後悔します。サボったときに後悔していやな気分になるくらいなら、「やっぱりやっておこう」という気になります。**そう思うのは、必ず一回はサボって後悔した経験があるからです。**

だから、サボることはいいことなのです。継続できなくて中断している人、いまサボっている人は、そのサボっていること自体をとてもいいことだと思ってください。

サボって、またやって、またサボって……これを繰り返してください。繰り返すたびに、コマが一つずつ進んだことになります。それを間違えて「意志が弱い」という言葉に置き換えてしまうと、本当にそこで終わってしまいます。

3

「ゼロか、イチか」ではなく「中間の0・5」をつくる

続けようとしていることに二つの段階をつくる

ただし、そこで重要なのが、サボってしまったときの理由を、洗い出しておくことです。なぜなら、自分がこれからやろうとしているプログラムのハードルが、もしかしたら、不適切に高すぎるのかもしれないからです。それがいやだからサボってしまったのかもしれません。そこがわかれば、そのハードルを一つ分下げればいいわけです。

その意味で、**私はプログラムを必ず二つの段階につくっておくことにしています。**

高いハードルを一つだけ設置しておいたのでは、サボったあとでまたやってみようと思ったときに、モチベーションの持ち様が高い状態であれば上っていけますが、そうではないときには、なかなか上っていけません。

どう頑張っても上れないようなものなら、せっかくやる気になっても、続けられません。

そこで、ハードルは一つではなく、低い台と高い台の両方を用意しておくのです。

そして、今日はどっちなら上れるかを考えて取り組み、たとえ低いほうでも、クリアできれば、次に進んでいくことができます。

たとえば、毎日、資料を何ページ分か読まなければいけないとします。でも、ある日、100ページと決めたとします。100ページまでいかなくて、80ページまでしか読めなかったとします。

すると、「サボってしまった、ダメだな」と思ってしまいがちです。

ところが、50ページ読む日と100ページ読む日の二つのパターンを決めておけば、あまり読みたくないけれど、50ページだったらいけるかもしれないということで、低い目標のほうを実行すれば、半分にしろ、階段の一つを上ることができます。

「ゼロか、イチか」ではなくて、その中間の0・5があってもいいわけです。

後悔することもありません。

「やる」と「やらない」のあいだをつくる

ランニングやダイエットを途中でやめてしまう人の多くは、オール・オア・ナッシングの考え方をしています。その人の頭の中には、「やる」か「やらない」のどちらかしかありませんから、たまにやらなかった場合でも、ダメと決めつけてしまいがちです。

しかし、0・5があるように、「やる」と「やらない」のあいだにも、何かがあるはずです。

禁煙にチャレンジしたことのある人は行ったことがあると思いますが、タバコを「やめる」と「すう」のあいだに、「本数を減らす」という選択肢だってあります。そこを一つの目標として立てていけばいいだけです。

飲酒や油っこいものの摂取にしても、同様です。3日に一度を、1週間に一度にしていけば、続けることができるかもしれません。

ランニングをしている人は、通常、家の前から走りだしますが、たいていの人は、走るコースが決まっています。そのときに重要なのは、いつも走るコースを一つに決めないで、少なくとも二つのコースを用意しておくことです。

私の場合、6キロと10キロの二つのコースを決めています。今日は寒いし、あまり走りたくないなと思ったときには、短い距離のほうにしておきます。

10キロだと、時間にして50分ほどです。そのときに、10キロのコースしか決めていないと、いやになってやめたら、完全にゼロになってしまいます。あとで、走っておけばよかったと、間違いなく後悔します。

6キロなら30分弱なので、こちらのコースを選んでおけばゼロにはならないし、0・5でもやっておけば後悔しないですみます。むしろ、やってよかったという達成感をもてます。そうすると、明日は少々寒くても10キロのコースを抵抗なくこなせるかもしれません。**低いものも高いものも、どちらも階段です。低いほうを上っても達成したことになります。そこから得られる継続する力は、ゼロのときとは大きく違ってきます。**

もちろん、距離をもっと細かく設定してもかまいませんが、少なくとも0と1のあいだに、0・5を必ずつくるようにしてください。

腕立て伏せをやるにしても、一度に20回を2セットなどと決めてしまうと、やるか、やらないかのどちらかになってしまいます。しかも無意識にそうしていますが、これを続けようとしたら、20回を1セットでも、10回を2セットでもいいから、中間を決めておくことです。

続けられない人、燃え尽き症候群になってしまう選手のほとんどは0か1で、しかも、1がすごく高い。1よりも2になってしまっていて、何年も0か2かでやっています。

モチベーションのレベルが高い人は、2ができなくなってきても、1のレベルには戻りたがりません。レベルを下げることに抵抗を感じてしまうからです。

そうすると、結局は2を続けられなくなって、完全にやめてしまうことになります。

ですから、いま2に近いような高い階段を上っているとしたら、少し下げる勇気をもたないと、続けることができなくなる可能性があります。

0・5の方法で生活習慣も変えられる

「ずっと不規則な生活をしてきたけれど、夜型だった自分を一新したい」

若い頃から、お酒を飲んでは、一晩中遊び歩くという生活を続けてきましたが、年齢的にも無理がきかなくなり、健康が気になりだした、という理由でパーソナルトレーニングを申し込んできた女性。お金もあり、社会的なステータスもある人です。

彼女の中では、「朝型に変える＝健康」というイメージです。何十年も夜型の生活をしてきて、急に朝型に変えたいというのは、完全に正反対に切り換えること、つまり、目標がたった一つで、しかもものすごく高い。

長年やってきた習慣をいきなり変えるというのは、大きなストレスがかかることで、そう簡単にできるものではありません。それを、「明日から夜型を朝型に変えたい」というわけですから、階段が1どころか、2か3のレベルです。

➡サボってしまった理由は何だったのか？

目標が高すぎたのか？　時間に無理はないか？
ストレスになっていないか？　楽しんでやっているか？

プログラムに 2 つの段階をつくる

高いハードル

《10 キロ》のランニングコース

時間もあるし、
がんばってみるか

低いハードル

《6 キロ》のランニングコース

寒いし、あまり
走りたくないな

今日はどっちなら上れるか？

↓

「ゼロか、イチか」ではなく、「中間の 0.5」をつくる

「中間の 0.5」でもやっておけば、後悔せずに達成感をもてるので、次のステップへ進みやすくなる。

それでも、最初のうちはモチベーションが高まっていますから、何回かはできます。でも、必ず挫折してしまいます。

毎回、2とか3の階段を上るというのは、這《は》ってやっと上がっている状態ですから、挫折したあと、そこからまた続けることは、おそらくできなくなるだろうと感じました。

何しろ、トレーニングを始めてからは、朝の5時に起きているといいます。その理由もいたって単純で、あまり必然性がないものでした。

「友だちがそうだから、私も5時に起きたらいいかなと思って」

そこで、ハードルを下げる提案をし、5時に起きる日と、8時に起きる日と、二つのパターンを決めました。

「二つの目覚まし時計を用意して、一つは5時、もう一つは8時に鳴るようにセットしておいて、寝る前に翌朝はどちらにするか決めておきましょう」

サボりたくなるのは当然で、そのうちに、「明日は5時に起きるのがいやだな」と思うときが必ずきます。そうしたら8時のほうをセットして寝るようにします。

ところで、朝5時に起きて何をやっているかというと、ランニングはあまり好きではないので、自転車に乗って、早朝からやっている店に朝食の材料を買いに行くことにしたのだそうです。

「朝、誰も歩いていない、渋滞もしていない道の真ん中を自転車で走るのはすごく爽快《そうかい》です。朝食を自分でつくって、おいしくいただいてから、シャワーを浴びて、会社に行く。全部、自分自身で考えて行動を起こしたので、それをすることがとても気持ちよくって……」

こうして、いまでは生活習慣がすっかり変わりました。

成功した原因を、毎朝、無理して5時起きしなくてもよかったことだといっています。

4

気持ちと身体のピークは必ずしも一致するとは限らない

メンタルを維持するために練習を少なくする

一流のアスリートは、大きな大会の前になると、練習時間も、午前中3時間、午後3時間（二部練習といいます）、そのあと筋力トレーニング2時間というようなメニューを組んでいます。

もっとすごい人は、一日に三部練習をします。午前中に2～3時間、昼食のあと少し昼寝をして、午後にまた2～3時間、夕食後、さらに2～3時間の練習をします。

オリンピックまでの1年間、ずっと三部練習を続けてきた人が、オリンピックでメダルをとって戻ってくると、4年先の次のオリンピックを目指して、すぐに二部練習から始めようとします。

それでは、階段が2段、3段分になってしまいます。そこで、もう一つ下げて、一部練習の日と二部練習の日を分けるように提案しました。そうしてやらないと、どんなトップアスリートでも、一つの目標が叶ったあとでは、とても続けられません。

ところが、ずっと三部練習をやってきた選手は、一部練習なんてやっても意味がない、最低でも二部練習をやらなければ自分がダメになってしまうと思い込んでいます。

「これから4年間、あなたが気持ちを保ち続けるためには、一部練習で終わりにする日も必要なんです。それは肉体的なものではなく、メンタル面を維持するためにも大切なことです」

そう説明して、練習時間を調整してやらないと、いくら彼らでも続けられません。

身体の状態がいいのに成績が下がってしまう理由

私たちがトレーニングのメニューを組むときには、選手の筋肉の状態を、大会の日に合わせて調整します。しかし、ただ単純に、筋肉をピークの状態にするというものではありません。

筋肉というのは、筋トレをすると出力が下がります。筋トレをしたあとは疲労するので、筋肉の力が100パーセントでは出なくなるのです。アスリートの場合、いったん出力が下がって、72時間後ぐらいたつと、筋トレ以前より出力の数値が上がってきます。これを**「超回復」**といいます。

つまり、筋トレの効果が出るのは、最低でも72時間後ということになります。

また筋トレをすると下がって、72時間後にまた上がる。これを繰り返して、上っていきます。

そこで、オリンピックのような大きな大会の試合のときに、まだ上がりきっていない状態では、パフォーマンスを十分に発揮できません。そこにピークをもってくるようにしなければならないわけです。

トレーニング中にケガをしてしまったりすると、上がってこなくなります。だんだんこの波を高くしていこうと思うと、トレーニングの頻度や回数や重さがどんどん増えていきます。その分、リスクも高くなり、72時間では回復しなくなってきます。

それを大会までに、トラブルもなく、ケガもなくいくつもの山を越えさせていって、いかにそのピークにもっていくかが重要になるわけです。

むずかしいのは、選手のほうは上がったことを実感できても、気持ちと身体の反応が必ずしも一致しないときがある点です。

身体のほうは超回復しているので、前の状態よりもすごく軽く感じます。思った以上に身体がよく動く。そうなると、逆に成績のほうは下がってしまうことがあるのです。競技によっても違いますが、卓球やテニスの場合、体力面だけでなく、テクニックの占める割合が大きくなります。

フィジカル的に足が軽くなりすぎると、ボールへの回転のかけ方、手の返し方など、技術面がついていかなくなることがあります。

単なる原理だけではない調整の仕方があって、そこがはずれると、足は軽いのに成績が出ないという結果になったりすることもあるため、微妙な調整が必要になります。

ときにはトレーニングのレベルや量をあえて上げて、少し疲労が残った状態で試合に臨むようにさせたりします。

そういうところが、専属トレーナーと、そうではないトレーナーとの違いです。

5

行き詰まったときは「解説者」になってみる

ほとんどの人が自分を客観的に見ることができない

選手を鍛えるときには、フィジカルはもちろん、モチベーションも上がっているという感覚をもたせることが重要になります。

上がっているという感覚がなければ、選手は次のトレーニングをしてくれません。つまり、継続性にとっては、欠かすことのできない要素です。

いま、いろいろなスポーツが、ランキング制になっています。世界ランキングを上げるためにこなさなければならない大会がたくさんあります。ワールドツアーのスケジュールは、個々の選手のトレーニングに合わせて組まれているわけではないので、そこに私たちのほうが合わせていかなければなりません。

たとえば、あと一つ山を越えておきたいのに、どうしても出なければいけない大会があったりします。そこがやっかいで、むずかしいところです。

トップクラスの選手でも、自分を客観的に見ることができない人がほとんどなので、そういうところはトレーナーが準備してやらなければなりません。

伊達選手は自らを客観的に見ることのできる数少ない選手です。ただ、彼女も若い頃からそうだったわけではないと思います。彼女にそれができるようになったのは、いったんゲームから離れて、解説者を経験しているからでしょう。

解説者をやりながら、他の選手のプレーを客観的に見て、それを評価するということをしてきたために、自分が現役に復帰したときには、それを自分に照らし合わせることができるようになっていたはずです。

一度選手をやめて解説者になってみると、何が必要で、どういうふうに考えればいいのかということが冷静にわかるようになります。その意味では、彼女はとてもすばらしい先例を示してくれました。

一度、引いて自分を見てみることも必要

会社で仕事をしていく上でも、このことはおおいに役に立つと思います。

たとえば、会社の仕事に役立てようと、資格取得を目指して勉強をしているときは、ほかのパフォーマンスは下がってきます。

でも、首尾よく資格がとれて、勉強したことが効果を上げてくると、以前の自分の実力を超えます。これが超回復で、これを繰り返すことで、成果も上っていきます。

しかし、その山を何度か繰り返していくと、いずれ上りきれないときがきます。そうなったときは、一度、解説者になってみるのです。

たとえば、自分のチームから少し離れて、客観的に見てみるとか、自分が外部の第三者になったつもりで見るとか、これを数ヵ月ほど続けてみると、自分に何が必要なのかがわかってくるかもしれません。

いつも第一線に立っているのではなく、一度、引いてみるということも必要ではないでしょうか。それは、何度も波を越えて、超回復を繰り返しながら上がってきた人だからこそできることだと思います。

6

アスリートは不安な状況をどう好転させるか

人によって状況の受けとめ方は大きく変わる

スポーツ選手でもそうですが、勉強をしていても波があって、点数がよくなったり悪くなったりします。上がっているときはいいのですが、成績が下がっていたときに、はたしてこれでいいのか、やり方は正しいのかと、不安を感じることがあります。

不安感に陥るということは、それだけストレスを感じているということです。そのストレスを、通常のことと受け取るか、過剰に反応してしまうかによって、結果が違ってきます。

たとえば部屋にライトがついているとします。そのライトを見たときに、それをどのように受けとめるかは、人によって違います。

ある人は、この空間は明るすぎると感じるかもしれません。別の人は、適度な明かりだと思うかもしれません。いや、暗すぎるととらえる人もいるでしょう。

状況は同じでも、人によって感じ方が異なってきます。

刺激は一つなのに、それがまぶしすぎるととる人と、ちょうどいいととる人がいるのは、外からの刺激に問題があるのではなく、受けとめ方が人によって違うということにほかなりません。

ストレス・不安は「挑戦」なのか、「脅威」なのか

たとえば、職場の上司が二人の部下を前に怒鳴ったとします。

「おまえらはこのプロジェクトを失敗して、どれだけ会社に損害を与えたと思ってるんだ。どう責任をとるんだ」

上司は一人ですから、その場の刺激（ストレッサー）は同じです。

しかし、部下の一人はそれを、「また次回に頑張ればいいや。次は見返してやる」と思い、もう一人は、「ヤバい。どうしよう。会社を辞めなきゃいけないかな」と思ったとします。

提起されたストレッサーは同じなのに、受けとめ方は人それぞれに違います。

つまり、不安を起こさせるストレッサーがあったとして、それをどう受けとめるかが重要なのです。**不安に思ったときに、それを「挑戦」ととるか、「脅威」ととるかです。**

それをポジティブにとらえる人は、「挑戦」ととるでしょうし、ネガティブにとらえる人は、「脅威」とみるでしょう。

たとえば、オリンピックにしても、これを挑戦の機会だと思っている選手は、オリンピックというストレッサーをポジティブにとらえているわけです。それを脅威とネガティブにとらえている人は、不安に陥ります。

何かの資格をとろうとしている場合も同じです。それを脅威ととらえていれば、不安でしょうがなくなり、その状態では長続きはしないでしょう。

資格試験というストレッサーは、誰にとっても同じです。でも、「これは挑戦だ」と思って試験に臨んでいる人は、たとえ落ちたとしても、挑戦なら何度でも続けられます。

未来を考えるのではなく、過去を振り返る

では、どのようにしたら、不安を取り除くことができるでしょうか。

不安というのは、未来のことにしか起きません。過去のことを考えても、不安は起きません。

たとえば、次の試合で負けたらどうしよう、今度の資格試験に落ちてしまったらどうしようと、先のことを考えるから不安になり、脅威を覚えるわけです。

したがって、その考え方を遮断しなければ、不安は取り除けません。

そこで有効なのは、「過去を振り返る」ことです。未来を考えると不安になるなら、それをやめて、過去を振り返ればいいわけです。過去の自分がやってきたこと、ここにくるまでの過程を考えるようにするのがコツです。

オリンピック選手の中に、「今回はまったく緊張しなかった」という人がいます。

それは、オリンピックまでのあいだにやれるだけのことは全部やった、世界ツアーも、トレーニングも、練習も、これ以上できないというぐらいやってきた。これでメダルがとれなかったら、自分には力がないということだから、怖くはないし、特に緊張もしない……。

こんなふうに思えるのは、過去を振り返っているからです。未来を思い患《わずら》うのではなく、これまで自分がしてきたことを見るほうが、不安感を取り除くのには有効です。

つまり、ハードな練習を長期間にわたって積むということは、ただ単に技術や身体能力を向上させるためだけではなく、過去を振り返り不安感を取り除くメンタルの向上にも役立っているのです。

セロトニンが多く出ると不安を感じにくい

人間が不安感を抱きやすいのは、脳内の神経伝達物質であるセロトニンやドーパミンの量が減っているときです。

セロトニンの分泌量は人によって差があり、多く出ている人ほど不安感を感じにくいものです。

日本人はほかの民族に比べて、セロトニンの出る量が少なく、それだけ不安感を抱きやすいといわれています。アメリカ人などが逆境に強いといわれるのは、人種的にセロトニンの量が増えやすく、不安感を抱きづらいという点に関係しているようです。

セロトニンもドーパミンもタンパク質からつくられる物質ですが、いま私がとても気になっているのは、ダイエットによって肉類をあまり食べない人のことです。正しい食生活をしていないと、セロトニンがつくられにくくなるので、そういうところからも不安感を抱きやすくなったりします。

だから、昔から、「悲しかったり、不安だったりしたら、ごはんだけでもしっかり食べなさい」といわれてきたのは、理にかなっていることなのだと思います。

第3章

「続ける技術」とは
イメージ力と計画力

1 仕事も勉強もスポーツも、続けるコツはみな同じ

人間は好きなことしか続けられない

私一人が見ることができるクライアントの数は限られています。トレーナーとして、精神的にも、肉体的にも、無理なくできるのは、1日4人といわれていますが、私の場合、一時期は9人とか10人になってしまうこともありました。一人につき1時間から1時間半くらいかかります。その上、クライアントの都合で、朝早かったり、夜遅かったりするため、帰宅が午前1時頃になってしまうことも多々あります。この仕事をして20年近くになりますが、夜の10時より前に帰ることはほとんどありません。

一般の人からみれば、たしかに大変だと思いますが、自分としては、もうすっかり慣れてしまいました。

どういう管理をすればいいか、自分でわかっているので、風邪をひくこともめったにありません。

もちろんタバコはすいませんし、次の日にちょっとでも酒の臭いがしてはいけない職業ですから、もう何年も酒を飲んでいません。

睡眠時間はできるだけ6時間はとろうとしていますが、なかなかとれないときも多いので、時間を見つけては昼寝をしています。

そういう中でも、自分で走ったり、クライアントと一緒に走ったりしますし、一緒にトレーニングもしなければなりません。自分に体力がないといけないので、日々、自分自身のトレーニングも欠かせません。

それでもこの仕事を続けていられるのはなぜかといえば、この仕事が好きで好きでたまらないからです。

トレーニングだけでなく、このように本を書くのも好きです。記者からインタビューを受けるのも好きだし、講演会でみなさんにお話をさせていただくのも、楽しくてしようがありません。

つらいと感じたり、いやだと思ったりしたら、体力的にも、メンタル的にも、こんなに長いあいだ続けてこられるはずはありません。

「やる気」という言葉の本当の意味

何かを続けたいと思ったら、やる気を継続させることが必要になってきます。本人がやる気を起こさない限り、周りがどんなにやきもきしても、ものごとは続けられません。

勉強にしても、会社の仕事にしても、同じことです。やる気が起こらない日は、よく頭に入らないし、能率も上がりません。

「やる気」とは、文字どおり、何かをしたいと思う気持ち、意欲のことです。

それはわかると思いますが、この言葉の意味を正確に理解している人は、どれほどいるでしょうか。

本書でもそうですが、英語の motivation（モチベーション）をそのまま使ったりします。関連する言葉に、move（ムーブ）、motion（モーション）、motive（モーティブ）などがあり、いずれも「動」、すなわち、**「行動を起こす」**ことに関係しています。

2 「動因」と「誘因」、やる気になる仕組み

「何かがしたい」だけでは何も起こらない

第1章で簡単に述べましたが、人をやる気にさせるためには、必ず二つの要素が必要になります。

「動因」と「誘因」です。

動因とは人がもつ欲求や願望のこと、それを実現させるための方法や目標が誘因です。

この動因と誘因がうまく組み合わさったとき、人はモチベートされ（やる気が引き出され）、行動（モーション）を起こします。モチベーションが継続すれば、行動も持続します。

動因、つまり「〜したい」、「〜なりたい」と思っても、それを叶えてくれる方法や手段がわからなければ、行動を起こすことはできません。

たとえば、「彼女がほしい」という動因があったとします。でも、男子校で女子が一人もいなかったら、校内では、その動因に合った行動は何も起こせません。

こんな容姿で、こんな性格の彼女がほしい（動因）と思っていたところ、同じ職場に、まさにそのタイプの女性（誘因）が入ってきたとします。

そうしたら、親しくなりたいと思い（モチベートされ）、自分から挨拶をしたり、名乗ったりして、近づこうとする行動を起こします。彼女が行きそうなところに先回りしたり、偶然を装って社員食堂で隣に座ったりします。

「モチベートされる」プロセスが必要

つまり、「モチベーション」とは、ムーブしたくなる気持ちのことを指しますが、**それにはムーブできる条件（誘因）が確保されている必要があります。**

ファッション雑誌か何かを見て、「私もこんなバッグがほしい」、「こんな服がほしい」などと頭の中でイメージしても、近くにそれを売っている店がなければ、買うという行動を起こせません。

行動を起こそうにも、起こす手だてがありませんから、この段階ではただのイメージで、

動因

「彼女がほしい」

①性格がやさしい彼女がほしい

②スレンダーな彼女がほしい

③年下の彼女がほしい

④女優○○似の彼女がほしい

ほしいと思ったもの(動因)が、
あるとわかった(誘因)ので、
行動(ムーブ)した

誘因

「まさにその様な女性が
目の前に現れた!!」

親しくなりたいと思い、
行動を起こす

この一連の動作を、
『モチベートされた』
という

「何かがしたい」「何かをほしい」と思っただけでは、
モチベートされたことにはならない

**イメージを具体的にしていくことで、
動因と誘因が結びつきやすくなる**

まだモチベートされていません。ここを勘違いしている人が、かなりいます。

「ほしい」という動因がなければ、それらを買いたいとは思いませんが、自分がほしいと思っている洋服がどこそこの店にいけばあるとわかったら、ここではじめてモチベートされ、店に買いに行くという行動を起こします。

ほしいと思ったもの（動因）が、あるとわかった（誘因）ので、お金を出して買った（ムーブ）。**この一連の動作を、「モチベートされた」といいます。**

何かがしたい、何かをほしいと思っただけでは、モチベートされたことにはならないわけです。この関係をよく覚えておいてください。

動因が曖昧《あいまい》だと、誘因が見つけられない

何かを成し遂げたいと思っても、誘因がなければ成し遂げられません。継続できない人によくありがちなのは、動因が曖昧なために、具体的な誘因が見つけられないケースです。

つまり、やる気を起こして何かをしたいと思ったら、ターゲットを的確に定めることが先決です。目標が定まらなければ、ただもやもやするだけで、具体的な行動にはなりません。

たとえば、「オリンピックで金メダルがほしい」という動因があったとします。

では、金メダルをとるための誘因は何かといえば、動因があまりにも漠然としすぎているため、結局のところ、「練習を頑張る」といった話になってしまいます。多少はモチベートされていますが、その度合いはとても低いレベルです。

「金メダルがほしい」というのは、たしかに一つの動因だけれど、あまりにも大きすぎて、とりつく島がありません。そこに行くまでの経過をもっと細かく砕《くだ》いていかなければ、具体的な行動がとれないどころか、何から手をつけたらいいか、そのヒントすら得ることができません。

そこで、金メダルをとるまでの過程にどんな誘因があるのかを、イメージしていく必要があります。

たとえば、アジア地区や国内のオリンピック選考会で勝たなければならない。その前に、地方の大会でベスト何位に入っておかなければならない。それには、いつまでに、こういう戦術で攻略したい……そういう段階がたくさんあって、その最終段階に「金メダルをとる」ということがあるわけです。

このようにゴールから逆に考えていけば、それぞれの場面で誘因をたやすく見つけることができます。

誘因が思いつかないのは、動因が大きすぎたり、漠然としすぎたりしているからです。

ダイエットをしたいという人が、たとえば5キロ落としたいと思っても、その動因だけでは、やる気は起こりません。つまり、モチベートされません。

5キロの体重を落としたいと思ったら、どうしたらそれだけ落とせるかという誘因を見つけなければならないわけですが、最も手っとり早いのは、その分野に詳しい専門家に聞くことです。

「あなたの場合、こういう原因だから、5キロは落ちないんです。では、筋肉量を増やしましょう。食事をこういうふうに見なおしましょう」

そんなアドバイスをもらいます。すると、そこで、「では、それをやろう」と、具体的なムーブが起こります。

そういったプロセスを考えないで、ただ漠然と思っているだけだから、行動を起こせないのです。万が一、行動が起こせたとしても、成果が出ないので、継続させることはむずかしいでしょう。

正しい誘因を見つけようとしなければ、動因も単なる夢にすぎなくなります。

3 なりたい自分を具体的に100個イメージする

「動因」を明確にするための有効な手段

第1章で、動因を明確にするため、自分がしたいこと、なりたいこと、つまり動因を100個ほど列挙するという方法を紹介しました。

100個を列挙するのは、最初はなかなかむずかしいものです。そういうときは、一つの動因をもっと細かく砕いてみてください。そのとき、次のことを考えてみることです。

①なぜ、それがしたいのか
②なぜ、そうなりたいのか

オンザロックをつくるとき、大きな氷の固まりをちょうどいい大きさに砕いていきます。

このように、大きなものとしてとらえている問題点を小さくかみ砕いてわかりやすくしていく方法を、それになぞらえて、**「アイスブレイク法」**といいます。

たとえば、動因が「お金がほしい」では、あまりにも漠然としすぎています。そこで、「お金で何を買いたいのか」、「何をしたいのか」と考えていけば、いろいろと具体的なものが思い浮かんでくるでしょう。

ときには、自分でも意識していなかったことが次々に出てきて、思わぬ一面を発見したりします。このようにして、数が増えていきます。

願望を順位づけして「誘因」を考える

100個あげたら、無理にある必要がないもの、いますぐでなくてもいいもの、いまいるもの、実現しやすいもの、叶いそうもないもの……などで分類していきます。

①動因の強さ、②達成したい時期、という二つの側面から順位づけをします。

こうして、いますぐにも必要で、実現できそうなものが数個まで絞れたら、モチベーションシートに書き込んで、それを実現させるためにはどうしたらいいか、つまり誘因を考えていきます。

モチベーションシート

あなたの「動因」は何ですか？ いますぐにも必要で 実現できそうなもの		あなたの「誘因」は何ですか？ それを実現するために いまできる具体的な方法
優先順位 1 位	⟷	① ② ③
優先順位 2 位	⟷	① ② ③
優先順位 3 位	⟷	① ② ③
優先順位 4 位	⟷	① ② ③

100 の願望はたとえば以下のように分類してみるといい

A. 1 年以内に実現可能な動因　　B. 3 年後に叶えたい動因

C. 10 年後なら叶うかもしれない動因

D. 無理にある必要がない動因　　E. 実現不可能な動因

4

モチベーションシートで「動因」を確実に手に入れる

100個あれば、潜在的な願望が出やすくなる

どうせ絞るなら、最初から100個も列挙する必要はないのではないか、と思われるかもしれませんが、100個あげようと努力することが大事なのです。

そうしていると、自分の心の奥底にあるものを出そうとする力が働くので、「潜在的にもっているもの」が出てきやすくなります。

また、動因を無理にでも100個あげようとしたことが、自分自身を客観視すること、自分のことを「解説者」として見ることに通じていきますので、ぜひ実行してください。

いつもは選手としてプレーをしていますが、そのときにはプレーヤーとしての自分しか見えていません。そこで、自分がプレーをしているところを、観客席から解説者として見てみることが、この作業の要点です。

私の場合、毎年、年始にこれをやって、1年単位で考えますが、人によっては、「40歳、50歳になるまでのあいだにこうしたい」と、長いスパンで考える人もいます。あるいは、年間をクォーター、つまり3ヵ月ごとに細分化して考える人もいます。この3ヵ月で、100個のうちの3個をやるといった考え方をするわけです。

私の場合、パソコンのデスクトップにメモ帳があって、そこに動因と誘因を書いておきます。いつもそれを見ては、自分の行動がそこからはずれないように注意しています。

たとえば、この仕事はやろうかどうしようかと迷ったときに、そのモチベーションシートにのっとっているか、今年の目標に入っているかを考えて、それにそぐわなかったら、その仕事は受けないようにするといったように、いつでもチェックができます。

仕事でも、あるいは生き方そのものでも、そのようにして何か基準を決めておかないと、ただ流されるだけになってしまいます。この1年間、仕事を精力的に頑張ったけれど、自分がほしいと思う動因は何も手に入らなかったということになってしまいかねません。

それより、仕事量は減ったかもしれないけれど、自分がほしいと思っていた動因はすべて叶ったという状況にもっていくほうが大切です。

大事なのは、やれば確実にとれるだろうと思うものをセレクトしていくことです。そのほうが成功体験になりやすく、次の年もまたそれをやろうと思うようになります。

自分だけでなく人を育てるのにも役立つ

同じようなことを、家庭でやられている人がいます。

その人のお宅には中学3年生の女の子がいて、高校受験を控えているのに、その子があげた動因の1位は、

「書道のコンクールで金賞をとりたい」

前回は銀賞だったのだそうです。「今年は、もしかしたら金賞をとれるかもしれない」というところが、彼女にとっては、乗り越えたい目標だったのでしょう。

それにしても、「合格」ではなく、「今年こそ金賞を」が動因の1位というのは、受験を控えた中学3年生ではおかしいではないかと、両親は心配していました。

親の気持ちとしてはよくわかります。でも、その子にとっては、書道で金賞をとることのほうが重要だったのでしょう。それが本当の気持ちであれば、そこを知ることこそ、その人を本当に理解したことになるのではないでしょうか。

そして、このような作業をすることで、それまで気づかなかった家族の一面を知ることができ、理解を深めることにもつながります。

人を理解しよう、部下を理解しよう、子どもを理解しようとするときに、どうしても容姿だったり、外見だったり、その人の口にする言葉などで理解しようとしがちです。

そうではなく、人間誰もがもっている願望や欲求を理解することが、その人を本当に理解することになり、モチベーションのアップにつながっていくのだと思います。

たとえば、職場の部下に100個の動因を書かせ、最終目標をセレクトさせたところ、仕事に関する事柄が一つもなかったとしても、そこからいろいろなことがわかり、部下に対する理解が深まるのではないでしょうか。

5 「フィフティ・フィフティの原則」で計画力を強くする

簡単すぎてもむずかしすぎても続かない

100個の動因をセレクトするときに必要なのが、セルフエフィカシー（「できる」見込み感）の尺度です。

何かをしたいと思っても、その誘因が、その人にとってまったく実行不能なものだったら、継続性どころか、最初からやる気は起きません。

絶対にできるものだと、逆にやさしすぎて、効果が疑わしくなり、やる気が起きないかもしれません。

「できるかもしれないけれど、できないかもしれない」
やる気を継続するには、この微妙なバランスが重要です。

私は、「できる見込み感」の尺度を、パーセンテージによって次のように定めています。

①まったく行うことができないだろう（0パーセント）
②たぶん行うことはできない
③もしかしたらできるかもしれない（50パーセント）
④たぶん行うことができる
⑤絶対に行うことができる（100パーセント）

動因と誘因が組み合わさって行動を起こす際に重要なのは、目標の設定です。

それによって、計画が長続きするかどうかが決まってきます。

「胸の筋肉をつけるために、腕立て伏せを何回やったらいいでしょうか」

たとえば、そんな相談を受けたとします。そこで私は、その人の身体の状況から判断して、次のように提言します。

「腕立て伏せ20回を3セット、週4回やるといいでしょう」

すると、相手は、潜在的な意識の中で、「ええーっ、20回を3セット？　それを週4回なんて、とてもできないよ」と判断したら、できる見込み感は0パーセントです。

いくら計画を立てても、これでは成功体験を積み上げてはいけないでしょう。

その基準はやる本人にしかわかりませんので、目標は押しつけてはいけません。そこで、「では、レベルを下げて、20回1セットを週1回ならできますか」

「それなら問題なくできます」

でも、これだと当人にとってやさしすぎて、胸の筋肉をつけるという目標は達成できません。そこで、その中間を探ります。

「20回を2セットで週2回ならできますか」

「できるかもしれないけれど、できないかもしれない」

こうして、その人の目標を、「できる見込み感50パーセント」のところに設定します。

これなら目的も叶うし、達成感も味わうことができます。達成感というのは、できるかできないかのところを飛び越えたときに起こります。

これを、**「フィフティ・フィフティの原則」**といいます。

「失敗するかもしれないが、やれないこともない」

自分で目標を設定するときも、絶対にできないレベルと、これなら絶対できるレベルの中間をとるという発想でやればいいでしょう。

「できるかもしれないけれど、できないかもしれない」

やる気を継続するには、この微妙なバランスが重要

	尺度
⑤絶対に行うことができる	100%
	90%
	80%
④たぶん行うことができる	70%
	60%
③もしかしたらできるかもしれない	50%
	40%
	30%
②たぶん行うことはできない	20%
	10%
①まったく行うことができないだろう	0%

例：筋力トレーニング

腕立て伏せ20回1セット 週1日	100%
腕立て伏せ20回1セット 週2日	90%
腕立て伏せ20回2セット 週2日	50%
腕立て伏せ20回2セット 週3日	30%
腕立て伏せ20回3セット 週4日	0%

例：有酸素運動（階段&ジョギング）

駅の階段を必ず使う	100%
駅の階段&オフィスの階段を必ず使う	90%
すべての階段を毎日使用&週1回5キロのジョギング	50%
すべての階段を毎日使用&週2回計10キロのジョギング	30%
週3回15キロのジョギング	0%

これは子どもの体育教育でも同じです。

たとえば、8段積んだ跳び箱を見て、子どもが「ぼくには跳べない」といったときに、「根性出してチャレンジしろ。いつか跳べるようになるから」とやるのは、昔流のやり方です。

「8段は跳べない」

「では、2段なら跳べる？」

「2段なら余裕で跳べるよ」

でも、そこで2段を跳ばせたりしません。跳べると思ったものばかりやっていても、達成感が得られないので、モチベーションは持続されません。

「それなら、4段だったらどうだろうか」

そこで子どもが迷って、「うーん、跳べるか跳べないか、わからない」といったら、そこから始めます。

自分では、「できるか、できないか、わからない」レベルを跳べたときに、達成感を得ます。もし跳べなかったとしても、3段に戻してはいけません。「惜しい！」というレベルですから、もう一度チャレンジしてみようという気になります。

可能性がフィフティ・フィフティの場合、何度かやっているうちに上達しますから、必ず成功します。本人にとっては、できるかどうかのギリギリのところなので、できたときの満足感はより高くなります。

先の中学3年生が目標の第1位としてあげた「書道のコンクールで金賞をとること」も、昨年が銀賞までいったことで、「今年こそ、もしかしたら金賞がとれるかもしれない」という、まさにフィフティ・フィフティのところだったわけです。

このようにして、目標を50パーセントのところに設定すると、モチベーションが維持されやすくなります。これはアスリートでも、またビジネスの世界でも同じことです。

「失敗するリスクもあるけど、やってやれないことはない」

つねにある程度のリスクをとって五分五分のところで仕事をすると、小さな上がり下がりはあっても、成果は着実に上がっていきます。

その成果が、長続きにつながります。

6 ダイエットが確実に成功する食事コントロール表

「フィフティ・フィフティの原則」でダイエット

ダイエットを実行しようとしても、なかなか食事をコントロールできない人が、よく私のところに相談にきます。食事の指導をするときに使用するのが、左の食品表の一例です。表の左側に、**「一日の中で必ず食べなければならないもの」「積極的に摂取してよいもの」**、右側に、**「摂取してはいけないもの」**と、分類されています。ただ、必ず食べなければならない食品には、量に制限が設けられています。

栄養学に基づいていますので、「摂取してはいけないもの」は、特に食べなくても、必要な栄養素はきちんと摂取できるようになっています。たとえば、チーズを食べなくても、死ぬことはありません。栄養素的にも、牛乳を飲んでいれば問題はありません。生物学的に見て、右側の食品を食べなくても、人間は生きていけます。

一日の中で必ず食べなければならないもの

穀類
玄米（3杯まで）
雑穀入り食パン（2枚まで）
そば（1枚まで）

肉類
魚（揚げていないもの1尾まで）
鶏肉のささみ（約200gまで）
ノンオイルのツナ缶（2缶まで）

卵（2個まで）

乳製品
牛乳（コップ3杯まで）
ヨーグルト（低脂肪・無糖のもの
小パック1個まで）

果物
リンゴ（1個まで）
バナナ（1本まで）

豆類
豆腐半丁
納豆（1パックまで）

油（大さじ1杯まで）

芋類（2個まで）

積極的に摂取してよいもの

キノコ類
海藻類
色の濃い野菜
（ブロッコリー・にんじん・トマト・
ピーマン・ほうれん草など）
タマネギ
ネギ
枝豆

摂取してはいけないもの

揚げ物

白い穀物
（うどん・パスタ・白米）

加工肉（ベーコン・ハム・ソーセージ）

アルコール（無理な場合は、カロリー
オフビール500ml 1本まで）

牛肉

豚肉

チーズ

菓子パン

スナック菓子

デザート

いか

えび

貝類

たこ

練り物

中華料理系

ジャム

バター

冷凍食品

インスタント食品

カレー

シチュー

この表を相談者に見せて、実践できるかどうか聞くと、ほとんどは「絶対に無理」といいます。

この場合、できる見込み感はゼロです。これを押しつけても、成果は見込めません。

その理由を聞くと、

「だって、私、カレーが大好きだから、とても我慢できないと思います」

「では、カレーをはずしましょう。これなら実行できますか」

「それから、菓子パンも……」

「では、これはこっちに移しましょう。これなら、大丈夫ですか」

そのようにして、いくつかの規制をゆるめていきます。

「それなら、もしかしたら……」

ここがその人にとってのフィフティ・フィフティのレベルです。そこを探り出して、そこから始めるようにします。もっとも、あまり規制をゆるめすぎれば、たとえ実行できたとしても、所期の目的であるダイエットの効果は期待できなくなります。

そのギリギリのところを見つけ出すことが重要です。

それが達成できたら、菓子パンを「摂取してはいけないもの」に戻します。次にカレーも戻し、最終的にこの表が実行できれば、ダイエットは確実に成功します。

目的がないとダイエットは続かない

「3ヵ月後にクランクインする映画で、脱ぐシーンがあるのですが、それまでにこの身体をなんとかしたいんです」

ある女優さんから、そんな相談をもちかけられたこともあります。こういう人は、はっきりした目的があるので、完璧に実践します。

「犯罪者で、それも追い込まれる役なので、げっそりしなければいけない。あばら骨が出ている状況にしてほしいんだが」

つい最近ですが、役者さんからそんな相談もありました。時間もあまりなかったので、表よりも食べていいものをもっと減らし、量も減少させて、なんとか目標に近づけましたが、まだ十分ではありません。撮影に立ち会って、あばら骨がよく見えるように、一時的に筋肉が隆起する方法を指導しました。

切実な目的があれば、計画を途中でやめるわけにはいきません。こうした人たちの例も、私たちがものごとを長続きさせたいときの参考になるのではないでしょうか。

7 やる気を持続させるセルフコントロール術

やる気の持続には適度な緊張感が欠かせない

ストレスがあるとモチベーションは上がりませんから、それが継続性を阻害する要因になっていることは、おわかりいただけると思います。

「やる気」を持続させるためには、基本的には、適度の緊張感は必要ですが、緊張がすぎると、ストレスとなって、ネガティブに作用する場合があります。

過度に緊張すると、呼吸が浅くなったり、筋肉は拘縮《こうしゅく》（一種の痙攣《けいれん》）して、たとえば本番直前に急に肩こりが起こったりすることがあります。腰が痛いといい出す人も出てきます。肩こりと腰痛の7割は、ストレス性といわれています。

ストレスを感じたり、極度に緊張したりすると、交感神経が優位になります。すると、血管が収縮するので、疲労物質がたまりやすくなり、小さな痙攣が起こります。また、筋肉が拘縮を起こして血行を悪くすると、痛みが起こったりもするわけです。これは、スパズムといわれる症状です。

そういう場合、よくマッサージにいったりしますが、緊張性によるものの場合、マッサージで一時的にはよくなるかもしれませんが、根本的によくなったわけではありません。

こうしたケースでは、**「漸進的筋弛緩法《ぜんしんてききんしかんほう》」**が有効です。これは、アメリカの精神生理学者ジェイコブソンが考案したもので、緊張した筋肉をゆるませてやる技法です。簡単なわりにリラックス効果があります。

緊張すると、肩に力が入ります。その肩の力を抜けといっても、なかなか抜けません。筋弛緩法では、逆に力を入れるようにします。

そのとき、目いっぱいではなく、肩に6割から8割ぐらいの力を入れて、10秒ほどしたら、一気にストンと落とす感じで力を抜く。そのまま10秒ぐらい脱力状態を続ける。そうすると、前の状態よりも力が抜けています。

これは、肩だけでなく、どこの筋肉でもできます。

どんなアスリートも試合やレースのスタート前には緊張します。そこで、彼らにも、ぐっと力を入れてストンと脱力する方法をしてもらっていますが、これは職場でも、受験会場でも、プレゼンの前でも、とても有効です。

そういうことで副交感神経が優位になり、βエンドルフィンというホルモンが分泌されて、緊張がほぐれます。

緊張しすぎると、呼吸は浅くなり、筋肉は硬直する

大きな試合の前や試合中に、選手が気合を入れるというか、大声を出すことがあります。それは、その人のプレースタイルの一種なのでしょう。そうした自分のやりやすいプレースタイルができ上がると、それが自信にもなってきます。

人は声を出すとき、息を吐きます。気合をかける場合でも、息を吐いているわけです。テニスのシャラポワ選手はよくボールを打つ瞬間に大声を張りあげますが、声を出さない選手でも、息を吐きながら打っています。けっして息をとめてはいません。

ウェイトリフティングのようなスポーツでは一瞬、息をとめますが、競技性、連動動作性が必要なスポーツでは、息をとめて力を入れると、バランスを崩しやすくなります。そこで、ほんの一瞬、「ウッ」となったりしますが、このように声を出しているということは、息を吐いているということです。

何ごとでも呼吸が自然にできているときは精神状態が良好ですが、**息を吸うときは交感**

神経が優位になり、息を吐くと副交感神経が優位になります。後者のとき、緊張がほぐれて、精神的にも落ち着きます。プレー中は無駄な力が抜けて、ラケットの動きやボールなどをうまくコントロールできるようになります。

そういうことを身体が覚えているため、声を出すクセがついている人は、自然に声が出てしまうのでしょう。

交感神経が優位になりすぎると、呼吸が浅くなります。選手の動きを見ていると、呼吸が浅くなったり、深い呼吸ができなくなったりしていることに気づかされることがあります。

もちろん、ある程度は交感神経が優位になっていないと試合には臨めませんが、緊張状態がすぎると、呼吸が浅くなり、筋肉が硬直します。すると、よけいに緊張しやすくなるので、息があがりやすかったり、個々のプレーに力が入りすぎたりして、いい結果は望めません。

ですから、ゆっくりと深い呼吸ができていることのほうが重要です。「呼吸をする」という漠然とした大きなくくりではなく、「息を吐く」ということを意識するほうがいいかもしれません。深呼吸するにしても、ゆっくりと吐くことを意識してください。

ものごとを心地よく続けられる「呼吸法」

筋弛緩法でもそうですが、「息を吐くと、力が抜ける」といいます。これは、リラックスするという意味でしょう。交感神経より副交感神経が優位になるわけですから、リラックスするのは当然です。

繰り返しになりますが、生理学的には、交感神経が優位になっているときは筋肉が緊張し、副交感神経が優位になっているときは、筋肉が緊張状態から脱します。

そこで、ものごとを心地よく続けるためには、呼吸法も重要になってきます。

脈拍を測りながら息を吸うと、交感神経が優位になり、脈拍が速くなりますが、そのあと、息をフーッと吐くと、脈拍はだんだん遅くなって、落ち着いてきます。脈が落ち着いているということは、心臓の拍動が落ち着いているということなので、息を吐くだけで心拍をコントロールできるということになります。

自律神経がうまくコントロールできていない人、つまり、ストレスが過剰に加わって、交感神経と副交感神経の入れ替わりがうまくできていない人は、息を吐いても脈拍は遅くなりません。

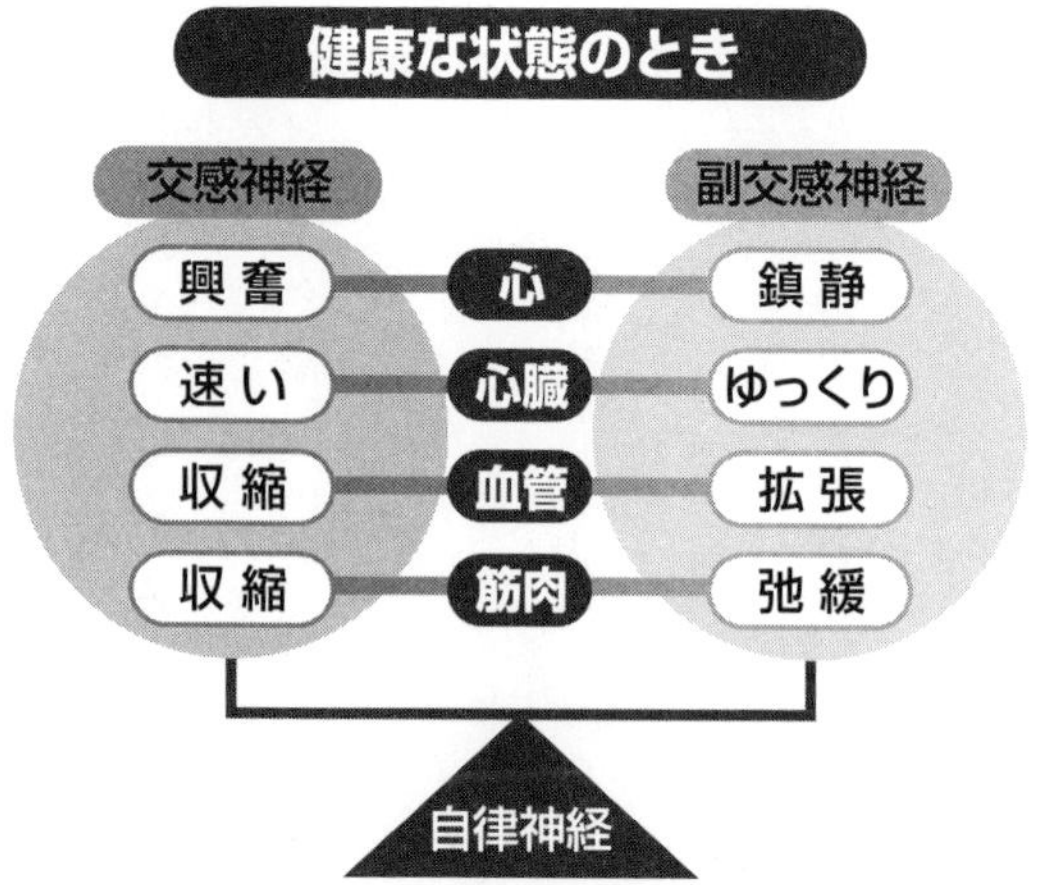

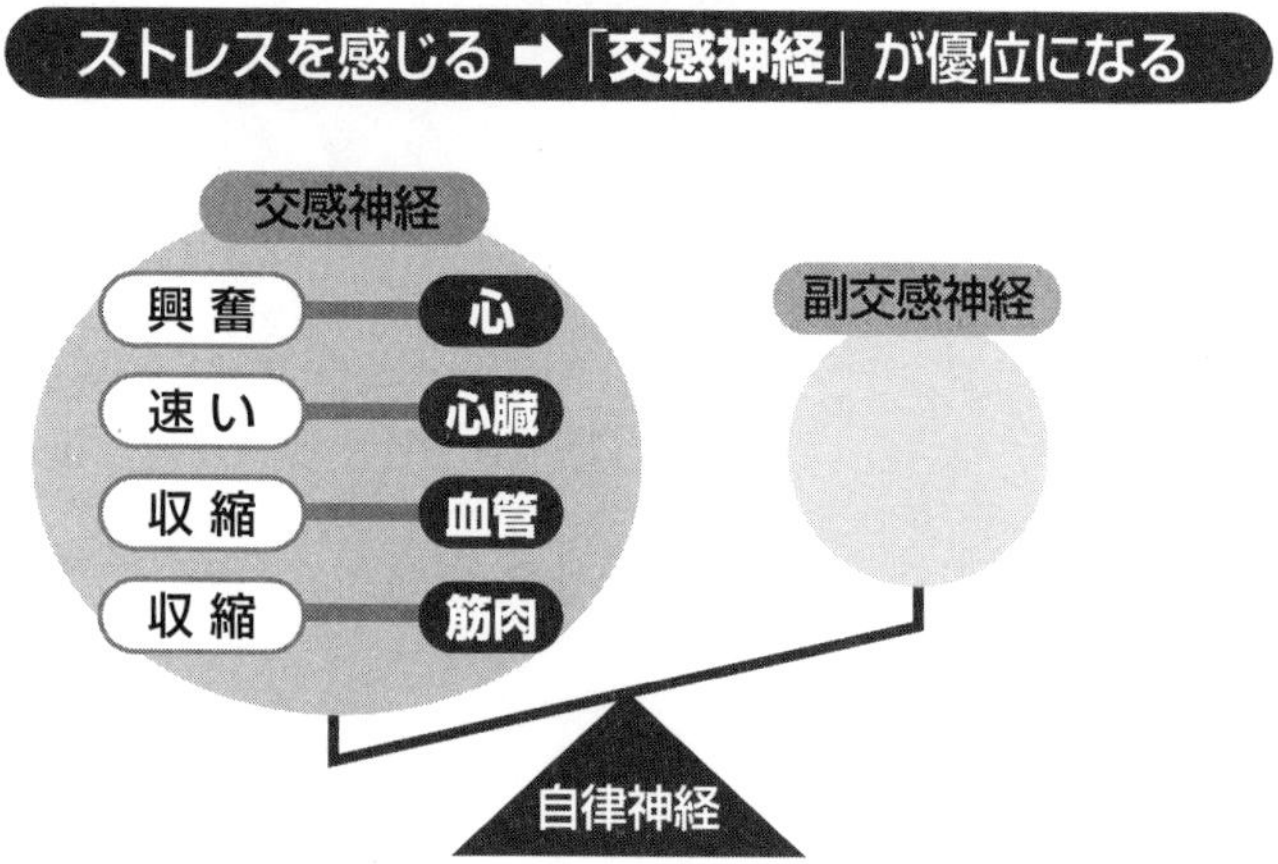

ストレスをなくすには
「副交感神経」を優位にさせる

このような状態のときは、プレーでもいい結果は出ないかもしれません。よって成功体験や達成感が得られにくくなるので、続ける力もしだいに弱くなっていくでしょう。

☝ 「泣く」ことをストレス発散に利用する

セルフコントロールには、「泣く」こともすごく重要です。

選手を見ていると、泣くことが不得意な選手もいます。とくに男性は、泣くことは格好が悪いと思われているため、どうしても我慢してしまう。すると、ますますストレスがたまり、疲労感が増します。

泣くだけで、βエンドルフィンが分泌され、副交感神経が優位になりやすくなります。

そのため、リラックスした感覚になります。

泣くと元気になるといわれるのは本当のことです。泣き終わったあと、すっきりした気分になりますが、まさにその状態です。

選手にとってコーチは、一緒にいる時間がとても長い存在です。私たちトレーナーはトレーニングをするときだけなので、練習のときはそばにはいません。コーチとは一日6時間ぐらい一緒ですが、トレーナーはせいぜい2時間ぐらいです。

114

選手にとっては、環境が変わりますから、それまで思っていても口にできなかったことを、いろいろと話してくれます。そういうときに、自分が過剰なストレスを感じていると、泣きだす選手もいます。私は選手の泣いている姿をたくさん見てきました。

そういうときには、私は「もっと泣きなさい」といいます。もちろん、トレーナーには守秘義務がありますから、本人が希望すれば、泣いたということはコーチやほかの選手には絶対に明かしません。

試合に負けて悔しくて泣くのは別ですが、いやなことがあったら、我慢する必要はなく、むしろ目いっぱい泣いたほうがいい。泣くことによってストレスも発散されるし、そのあとすっきりするはずです。

どちらかというと、一部のコーチには、泣いてはいけないという方もいます。泣くことを弱さの象徴と見てしまうからです。だから、私は逆に「泣いていいんだよ」といってあげるようにしています。

選手が潜在的に、この人の前で泣いても軽蔑しない、弱い人間だと思わない人なのだと思ってもらえる環境をつくることが重要だと考えています。

会社でも、部長など上に立つ人が、部下が泣くことに抵抗を感じないような環境をつくってやらないと、なかなか泣けません。一緒に飲みに行くことでもかまいません。

泣くことによってものごとが根本的に解決するわけではありませんが、メンタル面は間違いなく改善して、継続する力を増強させてくれます。

泣くことは、息を吐くのと同じぐらいの効果があります。「涙は心の汗」といわれますが、汗をかくとすっきりします。それと同じことです。

「自律訓練法」でセルフコントロール

脈拍を測定すれば、自律神経がうまく働いているかどうかがわかります。自律神経の調整がうまくできていない人に効果が期待できるのは、**「自律訓練法」**です。

これは、ドイツの精神科医ヨハネス・H・シュルツによって1932年に体系化され、W・ルーテによって展開されてきたセルフコントロール技法です。

ストレス軽減効果がもっと顕著にあらわれる方法として、世界中で利用され、緊張の緩和や抗ストレス効果のほかにも、心身症の基本的な治療法として広く用いられています。

最近では、臨床分野だけでなく、教育、スポーツ、産業界においても、その効果が知られ、集中力の向上、創造性の開発、意欲の増進、「あがり」症対策、疲労回復、睡眠障害の改善、受験前等の不安の解消、忍耐力や記憶力のアップ、柔軟性の向上などに役立てられています。

次のページで紹介しますが、基本的には、身体の一部に意識を集中させてリラックス状態を得る技法です。交感神経の活動を抑えて副交感神経を働かせ、自律神経のバランスを整えます。

これを行うには、静かで落ち着けるところが適していますが、基本的に、自分なりにリラックスできる場所ならどこでも大丈夫です。

腕時計をはずし、ネクタイやベルトをゆるめます。排尿をすませておくなど、身体内部からの刺激を取り除いておきます。空腹時は避けてください。

練習回数は、1回3～5分程度、それを日に2～3度行います。不安感が強い場合や痛みなどがある場合は短縮します。

これもやり続けることが大切ですが、そのためには、毎日規則的に練習し、生活パターンの中に組み込んで、日常化しておくことです。

自律訓練法
～心身をリラックスした状態に導くリラクセーション法～

・音や光の刺激が少ない場所など、リラックスしやすい環境で
・ベルトなど体を締めつけるもの、腕時計、眼鏡などははずす
・椅子に座る、もしくは、仰向けに寝た状態で行う

まず、気持ちを落ち着かせる「背景公式」を行ったあと、6つの公式を行う。1回3～5分程度で行い、原則1日3セットまで。

【背景公式】（気持ちを落ち着かせる）

①目を閉じ、体の力を抜いて深呼吸を 2～ 3 回ほどゆっくり行う。
②**「気持ちが落ち着いている」**と心の中でつぶやき、なんとなくそのように感じられるようになるまでゆっくりと繰り返す。

【第１公式】（両腕・両脚に重さを感じる）

①感覚が鋭い利き腕に気持ちを傾ける。利き腕が右であれば**「右腕が重い」**と心の中でゆっくり繰り返す。
②なんとなく重く感じられたら、続いて反対の腕、両脚と進める。

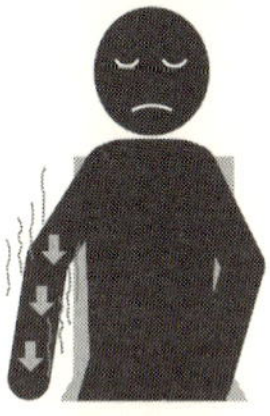

【第２公式】（両腕・両脚に温かさを感じる）

①第１公式と同様に、**「右腕が温かい」**と心の中で繰り返す。
②温かさが感じられたら、反対の腕、両脚と進める。

【第3公式】（心臓が静かに規則正しく打っていることを感じる）

①胸に気持ちを傾け、自然にゆったりと打っている心臓の鼓動を感じる。
②**「心臓が静かに打っている」**と心の中でゆっくり繰り返す。

【第4公式】（自然に楽に呼吸していることを感じる）

①ゆっくりと鼻から吸って口から吐きながら、リラックスした状態を深める。
②**「自然に楽に呼吸している」**と心の中で繰り返す。

【第5公式】（おなかのあたりに温かさを感じる）

①おなかのあたりに意識を傾け、肺で温められた空気がおなかへ流れていくイメージで。
②**「おなかが温かい」**と心の中でゆっくり繰り返す。

【第6公式】（額に涼しさを感じる）

①額に気持ちを傾け、額の表面を涼しい風が吹いていくイメージで。
②**「額が心地よく涼しい」**と心の中で繰り返す。

【消去動作】※寝る前であれば省略してもOK
①目を開けて、胸の前で握りこぶしをつくり、腕を伸ばすと同時にパッと手を広げる。これを何度か繰り返す。
②最後に深呼吸をしながら背伸びをします。

第4章

ランニング、
ストレッチで始める
「続ける習慣」のつくり方

1

「続ける」メンタルを手に入れるランニングの効果

ダイエットの原理は、いたって簡単

「ダイエットをして、健康になりたい」

ランニングを始める人は、必ず何かのきっかけがあるはずです。

肩こりを改善したい、おなかの脂肪を落としたい、運動不足を解消したい、足を細くしたい……。

女性だとダイエット目的、最近、特に男性に多いのが、ストレス発散のために走りたいという人。

そういう人たちにまず伝えておきたいのは、それらを叶える方法として、ランニングを選んだことは、まったく正しい選択だということです。この点は、専門家として、断言しておきます。だからこそ、ぜひともそれをやめないで、続けていただきたいのです。

たとえば、いくら脂肪を落としたいからといって、おなかにサランラップを巻きつけたり、痩せるクリームと称するものを塗ったり、サウナに入って塩もみをしたり……これらが正しい方法とは思えません。

「痩せるには、どうしたらいいですか」

私のところにも、そのような質問が山のようにきます。書店に行けば、ダイエット本は無数に出ています。

でも、ダイエットの原理は、いたって簡単です。

世の中に、痩せない人など一人もいません。**要は、摂取カロリーと消費カロリーのバランスだけです。**

摂取カロリーより消費カロリーを多くすれば、100人中100人が痩せます。簡単な引き算です。一日1800キロカロリーの食事にして、毎日10キロ走れば、誰でも痩せるはずです。基本的に摂取カロリーと消費カロリーを対照させれば、痩せない人は存在しません。

ですから、消費カロリーを上げる方法としてランニングを選んだのは、まったく正しいわけです。

ウォーキングか？ ランニングか？

ご飯を茶碗に半分弱とると、ほぼ100キロカロリーになります。これを消費するのに、体重によっても違いますが、ウォーキングでは約50分かかります。ランニングなら、10～15分ほどで消費します。

「50分歩くのと、10分走るのと、あなたはどちらがいいですか」

忙しいから運動ができないという人には、ランニングだったら短い時間で消費カロリーを稼ぐことができるので、ランニングのほうが大きなメリットがあります。

もう一つのメリットは、筋肉を増強させるという点です。

20歳をピークに、年に1パーセントずつ筋肉量が衰えてくるといわれています。しかも、上半身の筋肉量はほとんど衰えませんが、下半身の筋肉量が衰えていきます。人間の下半身は大筋群といわれる大きな筋肉なので、1キロとか2キロの単位で筋肉量が落ちてしまいます。

身体の器官の中で、最も体脂肪をエネルギーとして効率よく使ってくれるのが筋肉です。その筋肉が減少すれば、基礎代謝力が減っていきます。その分、脂肪が増えていきます。

筋肉量が1キロ減ると、約50キロカロリーの基礎代謝量が減るといわれています。単純計算で、右足1キロ、左足1キロ、合計2キロの筋肉が落ちるとしたら、約100キロカロリーの基礎代謝量が減ることになります。つまり、40歳をすぎると、何もしなくても100キロカロリーを消費できない身体になっていくということです。

ランニングは下半身の筋肉がより増える

年齢とともに筋肉量が衰えていくのはなぜでしょうか。

加齢がおもな原因ではありません。年齢とともに非活動的な生活になっていくことが大きな要因なのです。

年をとると、どうしても便利なものを使い、ラクに生活をするようになっていきます。それまで歩いていた距離も、車を使うようになる。お金があればタクシーを使う。階段が億劫になって、エレベータを使う。特に地方に行くと、公共の交通手段が貧弱になるため、どこに行くにも自宅から車で出かけることが多くなります。

すると、下半身の筋肉が衰えてくるので、それだけエネルギーを消費できない身体になり、ますます脂肪が蓄積されやすくなります。

そこで筋肉量を増やさなければいけないと考えたときに、多くの人が思いつくのは、筋肉トレーニングでしょう。ところが、筋トレのためにジムに通うとなるとお金がかかるので、なかなか踏み出せない。

ウォーキングなら、よけいなお金はほとんどかかりません。ところが、もう10年もウォーキングをやっているという人を調査しても、下半身の筋肉量は、ほとんど増えていません。せいぜい減り方が少なくなっている程度です。これを何年続けても、基本的にはふだん与えている刺激と変わらないので、筋肉量はなかなか増えません。

一方、ランニングをしている人は、下半身にふだんよりも強い刺激を与えることになるので、筋肉量が増えます。

短時間で多くのカロリーを消費するため、体重も減りますが、基本的には下半身の筋肉量が増えるので、体重はあまり減らずに、体脂肪が落ちます。体重はあまり変わっていないのに、ズボンが少しゆるくなってきたとか、体型が明らかに変わってきたというのがベストの状態です。

つまり、ランニングはこのように目に見えて成果が出やすいので、長く続けられます。ということも、昨今のランニングブームとなっているわけでしょう。

2 何ごとも「腹八分目」で余力を残しておく

有酸素運動20分説はウソだった！

ランニングは5分でも10分でも効果があります。

一日に30分走る人と、5分しかやらない人とでは効果は違いますが、一度に30分間走っても、朝10分、昼間10分、夜10分と3回に分けて走っても、効果はまったく同じです。一度に長く走り続ける必要はありません。

以前は、有酸素運動は1回に20分以上やらないと効果がないといわれていました。20分走らなければならないとなると、10分でもきつくなって、結局、やめてしまう人も多かったのですが、これは完全な間違いです。

ランニングには、下肢の筋肉がつく、全身の脂肪が落ちる、心肺持久力が向上する、という三つの効果があります。

ただし、筋肉がついて、脂肪が落ちていくまでには、かなり時間が必要です。どんなにいいメニューを組んでも、私たち専門家がついても、見た目や数値に変化が出てくるまでには、最低でも2～3ヵ月はかかります。

それでも多くの人がランニングを継続させることができるのは、比較的短期間に心肺機能が向上するという成果が感じられるからです。

たとえば、今日は2キロ走ったところで息があがったけれど、翌週には2キロ走ってもほとんど息があがらなくなった、というくらい、週単位で変化が出てきます。

同じコースを、先週より速いスピードで走れるようになったとか、もう1周できるようになったとか、目に見えて変化してきます。だから走るのがますます楽しくなります。

何ごとにつけ、それを習慣化させるためには、効果が見えて、気分がよくて、楽しいことが一番です。

少しずつの達成感が、続ける習慣をつくる

「今日初めてランニングしましたが、ちょっときつかったですね」

「でも、だまされたと思って2～3日後に、もう一度走ってみてください」

2〜3日後――。

「やはり、かなりきつかったです」

「でも、もう1回だまされたと思って、走ってみてください。3回目になると、前よりラクに感じるはずですよ」

翌週になったら確実に、

「先週よりラクになりました。前より長い距離を走れるようになりました」

こんなふうにして習慣づけられ、距離も長くなっていきます。だから誰もが、10キロの大会に出てみようか、今度はハーフマラソンの大会に出てみよう、この次はフルマラソンだ……という具合に、どんどんエスカレートしていきます。

「フルマラソンに出るには、いつもどのくらい走ったらいいでしょうか」

一つの目安ですが、フルマラソンに出るとしたら、月間で80〜100キロぐらいは走っていないと、それだけの力はつきません。ただし、月間200キロを超えると、今度はケガの発生率が急激に上昇します。

そこで、1ヵ月に、上限を200キロ、80から100キロぐらいを下限と考えてメニューを組むのがいいでしょう。週3回とすれば、1回に走る量は10キロ以下です。

それほどきつくはなく、習慣化させるにはほどよい距離だと思います。

ただし、長年の運動不足で筋力が著しく落ちている場合や、変形性膝関節症になりかけているような人が急にランニングをするのは危険なので、お勧めできません。

また、普通の人でも、長距離をいきなり走るのは、故障のもとです。達成感を味わいつつ、少しずつ距離を長くしていくようにしてください。

やさしい・むずかしいを交互に繰り返す

ランニングだからといって、家を出てから戻るまで、ずっと走り続ける必要はありません。特に初期の人には、必ずその点を注意します。

ずっと走り続けるのは、最初はとてもきついので、たとえば、次の信号まで走ったら、その次の信号までは歩き、また次の信号から走る、つまり、「歩いて、走って」の繰り返しでかまいません。

ランニングに限らず何ごとであれ、やさしいこととむずかしいことを交互に繰り返すことが、習慣づけにとっては重要な要素になります。

疲れたら歩き、呼吸が整ってきたら、また走りだす。トップアスリートを目指しているのでなければ、その辺はルーズでもいいでしょう。それだけでも、ただ歩くよりはるかに

やさしいこととむずかしいことを交互に繰り返すことは、習慣づけにとっては重要な要素

「ずっと走り続ける必要はない」
何ごとも最初は無理せずに「歩いて、走って」を繰り返す

大切なのは、ストレス（負担）をかけないこと！「腹八分目」の余力を残しておくことが継続の秘訣

消費カロリーが高くなるし、時間の節約にもなります。

最初は無理をしないで、余力を残して終えるのが、継続の秘訣です。

その日のランニングを、きつくてヘトヘトの状態で終えると、次は「やめておこうか」になりやすいものです。

むしろ、「腹八分目」、ある程度の快適さを残すくらいで終えておけば、ストレスも少なく、次もまた走ってみようという気持ちになり、自然と習慣づけられていきます。

ランニング・ダイエットにも効果的な「心拍計」

有酸素運動も、それぞれの身体の条件とマッチしたやり方をしないと、どこかに無理がきて、続けることができなくなります。その点、自分の安静時の標準的な心拍数を知っておくことも大切になります。

一般成人の心拍数は80ぐらいですが、アスリートでは60以下、40〜50が平均的です。人間の心拍数は、220から年齢を引いた数が最高数値、それより上がると危険なレベルとされます。

たとえば60歳の人では、最高数値が160です。ですから、心拍数が160を超えるような運動は避けたほうがいいということになります。

脂肪を燃焼させたいだけなら、最高心拍数に対して60～80パーセント程度の強度の運動が最適で、脂肪が最も燃焼しやすくなります。

持久力を高めたいなら、最高心拍数に対して80パーセントぐらいの強度に設定した運動をするとか、運動の目的によって運動強度を決めます。

スポーツ選手の安静時の心拍数は遅い傾向がありますが、それだけ最高心拍数に到達するまでの幅が大きくなっているということは、激しい訓練の結果によるものです。

心拍数まで考えてトレーニングしていかないとなかなか成果をあげにくいものですが、いまは便利になったもので、心拍数を測りながらトレーニングができるような心拍計も市販されています。これによって、あらかじめ設定した自分の最高心拍数の60～80パーセントのところでの効果的なトレーニングが可能になります。

ダイエットのためにランニングをしている人に、心拍計をつけないで、自分で脂肪を燃焼しているなと思う強度でランニングしてもらったとします。

あとでデータを調べると、1時間ウォーキングやジョギングをしても、一度も脂肪燃焼ゾーンに入っていないことがあります。

脂肪燃焼ゾーンに入るレベルで走れば、15分とか20分で効果が上がるのに、ゾーンに入っていないところで1時間やっても、効果はゼロではありませんが、非効率的で、これを何日繰り返しても、思うような成果が出にくいという結果になります。

ランニングそのものが好きとか、ストレス発散の目的でやるならいいのですが、ダイエット目的でやっている人にとっては、これではせっかく運動をしてももったいない話です。

継続するためのグッズも活用するといい

心拍計も、ただ単に心拍数を測るだけでは、使っていてもすぐに飽きてしまいます。

最近の製品にはGPS機能がついているものもあって、あとで自分が走ったコースが地図上に表示され、走ったペースと、距離と、心拍数もすべてグラフで画面上に表示されます。トレーニングを継続していくと、自分の心拍がどのように強化されていったか、つまり心臓の機能の向上状態も記録してくれます。

成果を図表の形で表示されますから、見るだけでもおもしろいし、それが励みにもなります。

ものごとを継続させるためには、こうしたグッズの活用も有効ではないでしょうか。

これは、ランニングやトレーニングをしている人だけではなく、一般の人にも利用価値はあると思います。

たとえば、これまでは、朝、出勤するときに、坂道や階段などでかなり息があがっていたけれど、こうしたものを利用して効果的に鍛えられることにより、だんだんと息があがらなくなってきたということもわかります。

一日の消費カロリーも自動的に表示されますので、自分のライフスタイルの中で、エネルギーをどのくらい消費したかということもわかります。

運動に限らず、日常生活の中で、身体にどのくらい負荷をかけているかがわかるというのは、いろいろな意味で助けになるはずです。

ランニングは、靴選びが大事

ランニングブームがこれほど続いている理由は、やっている人に何らかの心地よさがあるからでしょう。しかも、シューズ以外に特別な道具も不要、お金もかからないし、スタート地点は自分の家からでいいという手軽さもあります。

これが、面倒なことをいくつもクリアしなければならないとなったら、なかなか続ける気になりません。

ランニングは、身体に異常がない人なら、気楽に始められます。とりあえず、歩いたり走ったりを繰り返し、走り続けるのも、10分くらいから始めてください。

注意しておきたいのは、靴です。

いまの日本のランニングシューズはとてもよくつくられていて、じつに走りやすいので、専門シューズを選んだほうがいいでしょう。快適さがまったく違います。

快適性なくして、継続性は生まれません。

ウォーキングと違って、走るときは片足で着地します。そのときの身体への衝撃は、体重の2～3倍に達します。専門のランニングシューズはそうした衝撃を吸収する構造になっていますので、足腰への負担はずっと軽減され、故障を予防してくれます。

だんだん走れるようになると、やはり専門のシューズがほしくなるものです。そのときに、「ヘエー、こんなに快適なんだ!」と、その快適さを実感するはずです。その心地よさが、継続性をさらに助長してくれます。

長く続けるためには、そのための準備と環境づくりが必要です。その意味でも、正しい道具選びを心がけてください。

3 ランニングが長続きする計画の立て方

「ラン友」がいる場合の継続率は80パーセント

マラソンを始めるきっかけについて、データの上では、「一人でできるから」という理由がかなり多くを占めていますが、おもしろいことに、一人でやっている人の継続率は、それほど高くありません。

どうしてみんな続けているかというと、走っているうちに、だんだんとランニング仲間ができてくるからです。これを「ラン友」といいます。

ランニングをしていたら友だちができたとか、ランニングクラブに入ってしまったとか、あとはSNS（ソーシャル・ネットワーキング・サービス）を使ってランニングの情報交換をするなど、仲間づくりが大きな要因になっています。

20キロとか30キロとかの長距離を走るようになると、一人で走るより、みんなで一緒に走ったほうが安心感があります。

日本人は「仲間になりたい」欲求が強い民族

人間は誰でも、六つの基本的欲求をもっているといわれます。

①愛し愛されたい
②認められたい
③仲間に入りたい
④尊敬されたい
⑤自由でありたい
⑥達成したい

このうち、日本人は特に「仲間に入りたい」、つまり所属欲求が強い民族とされます。ムラ社会も、終身雇用制も、そういうところから形成されてきた習慣でしょう。

社会の中で、日本人にはいつも自分の居場所を探しているところがあります。だから、趣味を同じくする者が集まれば、「ラン友」という仲間も自然にできてくるわけです。

「ラン友」ができると、継続率はぐっと高まります。

アメリカのスポーツ医学会のレポートでも、**「一緒に運動する人がいる場合の継続率は80パーセントにのぼる」**と報告されているくらいです。

一人では頑張れなくても、同じレベルの人とともに走っているだけで、やる気が高まってきます。

私のクライアントにしても、ほとんどが何らかのコミュニティに入っています。コミュニティに入る場合、自分の実力を心配する必要はありません。タイムを気にしないで、ゆっくり走りたいという人でも大丈夫です。

大人のクラブ活動ですから、上下関係もありませんし、竹刀《しない》を手にした鬼コーチがいるわけでもありません。その中でレベルごとに分かれていて、むしろ高レベルの人が親切に教えてくれたりします。

ランニングを習慣にしやすい時間帯

走るのは早朝がいいとか、夜のほうがいいとか、人によっていろいろいわれますが、基本的に、夜は副交感神経が優位になっていますので、身体は寝る態勢に入っています。

それを走ったりすると、また交感神経が優位になってしまうので、あまり長距離を走ったあとでは、寝つけなくなってしまうことがあります。そういうタイプの人は、夜は走らないほうがいいかもしれません。


どの時間帯だったら生活習慣の中にスムーズに取り入れられるか、という観点から考えたほうがいいでしょう。


たとえば、毎朝走ってから出勤するという習慣が完全に身についてしまった人は、ずっと続いています。朝走ると気持ちがいいというのは、その人が心地いいと感ずるパターンです。これを、食後に歯を磨くという習慣と同じレベルに入れてしまうことが重要です。

最近は、昼休みに走ったり、スポーツクラブに通ったりしている人がかなりいます。

私は朝や昼に走るより、その日の仕事がすべて終わってほっとした段階で走るのが好きです。

人によってライフスタイルが違うので、いろいろ試してみて、自分に合う時間帯を見つけ、習慣化していくことが、長続きにつながります。

「月に何キロ走るか」でスケジュールを立てる

ランニングを続ける方法の一つは、たとえば月に80キロを走ると決めたら、それに沿ったスケジュールを立てることです。

この日は出張、何時から何時までは得意先まわり、毎週何曜日には会議……といった具合に、社会の中では、だいたい1週間か1ヵ月単位ぐらいでスケジュールがわかります。**この日は時間がとれるから走れそうだとわかったら、あらかじめ走る日を決めて、スケジュール帳に書き込んでおきます。つまり、自分でやる日を公約しておくわけです。**

そうやって、月間80キロになるように調整しておきます。これを習慣化すれば、無理なく続けていくことができるでしょう。

ただ漠然と、時間がとれたら走るというやり方をしていると、気がついたら1週間何もしないで終わってしまい、そのままやめてしまうことにもなりかねません。

これは、なにもランニングだけに限ったことではなく、いろいろなところで応用が可能だと思います。

長続きする計画の立て方

ポイント①

どの時間帯にやるのか

どの時間帯なら、生活習慣の中にスムーズに取り入れられて、自分が心地よいと感じるパターンがつくれるか？

ポイント②

誰とやるのか

ひとりで続けることが可能かどうか？
誰かとやる、どこかに参加するなど、第三者の助けが必要かどうか？

ポイント③

月にどのくらいやるのか

月にこのくらいやると決めたら、それに沿ったスケジュールを立てる。
半年～１年の目標も視野に入れながら。

ポイント④

そのためには１週間でどのくらいできるか

あらかじめやる日を決めて、スケジュール帳に書き込み、自分でやる日を公約しておく。
「フィフティ・フィフティの原則」を意識した計画を！

ポイント⑤

計画を見直す

もし１週間の計画が達成できなかった場合、その計画に無理がある可能性がないか？
ハードルを下げて、再度チャレンジ！

4 ストレッチは簡単？ 習得するにはコツが要る

ストレッチが続けられない大きな理由

次に、ストレッチについて、考えてみましょう。

ストレッチも、やったほうがいいとは思っていても、それがなかなか続かないといった人が多いのではないかと思います。

ストレッチをしたいと考えるからには、ランニングと同様、何か目的があるはずです。

たとえば、ひどい肩こりをやわらげたいとか、運動不足だけれど運動はなかなかできないからとか、足が疲れやすいので、何かいい方法はないかとか……。

「マッサージに行こうか。でも、出かけるのは億劫だし、お金もかかる。だったら、家でストレッチをやったほうがすっきりするかな」

そんなふうに考えて、ストレッチを始めてみようと思う人が多いようです。

では、なぜそれがなかなか続かないのでしょうか。

ストレッチが続けられない大きな理由は、その効果が、ランニングのようには容易に体感できないからでしょう。

ストレッチの効果を体感できるようになるには、いくつものパターンを、時間をかけてやらなければなりません。少しぐらいやっても何も変わらないし、それなりの知識も必要になってきますので、基本的に、一般の人ではなかなか続けられない人が多いでしょう。

必要なのは、その場に即したストレッチ

私の場合、職業柄、絶対に故障はできません。故障しないための指導をしているのに、その当人がランニング中に故障していたのでは、しゃれにもなりませんから。

ストレッチにしても同様で、その指導をする本人の身体がカチカチに硬かったら、話にならないでしょう。だから、私は身体のケアには人一倍、時間をかけます。ストレッチもほぼ毎日、1時間から1時間半をかけてやっています。

しかも、専門の知識があり、あらゆる場合にマッチしたバリエーションを知っているからストレッチにそれだけの時間をかけられるのであって、一般の人が1時間以上ストレッ

チをしようとしても、すぐにネタ切れを起こして、そんなにはもちません。

たとえば夜、ベッドに入ったときに、なんとなく腰が張っていて痛いな、と思ったら、ベッドで仰向けになった状態でストレッチをします。そのときに、寝た状態でできる腰のストレッチ法を知っていなければ、やろうとはしないでしょう。

ストレッチが続けられないというのは、そのシチュエーションに合ったストレッチのバリエーションを思い浮かべられないからです。私たち専門家が続けられるのは、座っていて腰が張っているなと思ったら、この状態でできるストレッチを思いつくからです。

ストレッチのバリエーションは、何百、何千とあって、それを知ってさえいれば、どこででも、どんな状況にも対応できます。

ストレッチを習得していくと、いまはこの筋肉が伸びているなという実感が得られるようになります。

あるトレーニングをしたら、ある筋肉に張りを覚えたとします。そこで、それに対応するストレッチをやったところ、その筋肉が伸びているという実感があれば、そのトレーニングとそのストレッチの組み合わせは合致していることになります。

こうして、この運動をしたら、ここの筋肉が張るから、このストレッチをしよう、という具合に、その場に即した組み合わせを見つけていかなければなりません。

一般の人が継続させるためには、とりあえず、自分が必要としている肩こりなら肩こりについてだけ、どこでもできるストレッチのバリエーションを覚えるようにすれば、効果が期待できると思います。

そのようにしてバリエーションを増やし、身体で効果を実感できるようになれば、それは習慣化できます。**習慣は身体で身につけるのが一番です。**

そもそも筋肉は伸び縮みするものではない

多くの人は、筋肉がゴムのように伸び縮みすると思っているかもしれませんが、そんなことはありません。筋肉自体は伸びもしないし、縮みもしません。

筋肉は、骨のところに繊維状の小さな細胞が鎖《くさり》のようにしてつながっています。

俗に「柔軟性がない」というのは、たとえば100個あった細胞が80個ぐらいに減って、筋肉の長さが短くなった状態のことです。長さが短くなったために、融通がきかなくなって、硬い感じになります。

逆に、筋肉が長ければ、余裕ができて、「柔軟性がある」ということになります。

毎日ストレッチをしていると、細胞の数が増えていって、筋肉の長さが長くなります。

だから柔軟性が上がっていくのであって、けっしてやわらかくなってゴムのように伸びやすくなるというわけではありません。

ただ、一般の人にそんなふうに説明しても、なかなかイメージしづらいので、「伸ばしましょう」とか「縮めましょう」などといっているだけのことです。本書でも、伸び、縮みという言葉を使うことがありますが、そのように理解してください。

筋肉は、年齢が高くなっても、ストレッチを継続的にやっていけば、細胞の数が増えて、長くなります。

ただ、勘違いしがちなのは、一回ストレッチをすると、一時的に柔軟性が上がりますが、それは筋肉が長くなったわけではないということです。そんなに急に効果は出ません。

たとえば、お風呂に入って温まっていると、身体がやわらかくなったような気がします。これは筋肉の線維が長くなったわけではなく、筋肉の線維を取りまいている筋膜が、お湯の熱によって一時的に柔軟になっただけのことです。筋膜が冷えれば、またもとに戻ってしまいます。

ただし、ストレッチをする場合、準備運動をしたり、お風呂に入ったりして、身体を温めてからやると、より効果が高まります。

筋膜がほぐれていないと、中の筋線維をうまく引っ張れません。

そこで、先に筋膜を温めてゆるませた状態にしておいてから筋肉の線維を引っ張ったほうが、より効果的だということです。

ストレッチを定期的、継続的にやっていくと、その刺激によって筋肉の細胞数が増加し、長くなっていきます。しかし、ストレッチをしなくなれば、また細胞数が減少して、短くなってしまいます。年をとると、筋肉が短くなるため、身体が硬くなっていきます。

継続的に前屈のストレッチをしていると、それまで届かなかった手がしだいに床につくようになります。これは身体がやわらかくなったのではなく、筋肉が長くなった結果です。

ストレッチをしているときのイメージは、筋肉を揉みほぐしてやわらかくするというより、筋肉を伸ばしたときの刺激によって成長を促しているといった感じです。

だから、たまに1~2回やっても効果はありません。毎日やっていくことによって、少しずつ長さが成長していきます。

ただし、個人差が非常に大きいので、効果の証明が出しづらく、そこがストレッチの分野のむずかしいところですが、過度の喫煙、アルコールの大量摂取が筋肉の成長を阻害させるということは証明されています。

トップアスリートも専門家の手助けが必要

ランニングとストレッチとでは、多くの人が後者のほうがやさしいと思っているようです。しかし、「続ける」という観点からすると、ストレッチのほうがむずかしいといえるでしょう。

たしかに手軽さはあります。しかし、それを成果として感じるには、専門的な知識と時間が必要です。「ランニングはきついので、まずはストレッチから」というのは、もしかしたら逆かもしれません。

ストレッチも専門的にわかってくれば、手軽にいろいろなことが体感できるようになります。ストレッチの効果が最も体感できるのは、腰痛が軽くなったとか、肩こりが軽くなったというところでしょう。また、「疲れを感じたときに、どうしたらいいかがわかるようになってきた」という感想をよせてくれる人も少なくありません。

ストレッチを継続して本格的にやりたければ、コーチについて習う必要があります。

選手が練習を終えたあと、筋肉のストレッチをしていることがあります。

「私に合ったストレッチのメニューを考えてください」

トップクラスのアスリートから、そんな相談を受けることもあります。

そこで、練習が終わったあとでいつもやっているストレッチを、実地にやって見せてもらい、その人の身体のチェックをします。すると、意外にも、その競技ではあまり使うことがなく、伸ばす必要もない筋肉を、懸命にストレッチしていたりします。

「そこは柔軟性があるんだから、さらに伸ばす必要はないですよ。もっと硬い筋肉があるから、そんな暇があるなら、そっちをやりましょうよ」

わかりやすくいえば、英語が得意なのに英語の勉強ばかりして、苦手な国語や数学の勉強をおろそかにしているようなものです。

自分がやりやすい、伸びているなと感じやすい筋肉ばかりストレッチして、硬くて伸びづらいところは敬遠しがちになってきます。だから、やわらかいところはどんどんやわらかくなり、硬いところはずっと硬いままというように、バランスが悪くなってきます。

自分なりのメニューを組むと、トップアスリートですらそうなりやすいので、本格的にやるなら、やはり専門家の手助けが必要になります。

一度、自分の身体をチェックしてもらい、自分の運動にあったストレッチメニューを組んでもらうというのが、最も効果的でしょう。

効果が実感できるようになれば、おのずと長続きするようになります。

5 「内発的動機づけ」で取り組める人は最強である

モチベーション、二つの動機づけ

モチベーションには、**「外発的動機づけ」**と**「内発的動機づけ」**があります。

外発的動機づけとは、報酬が目当てで行動を起こしている場合で、たとえばダイエットのために走るというのは、ダイエットに成功するという報酬を目当てに走っているわけです。お金ほしさ、賞金を目当てに走る人もいます。

つまり、行動そのものではなく、それ以外のところに目的があって、その行動は、そのための手段になっています。

それに対し、内発的動機づけというのは、報酬が得られなくても、していること自体が報酬になっているケースです。

「それをやりたいからやる」、「それが好きだから」という、いわば内から湧いてくる意欲

です。

内発的にモチベートされている人は、お金とか賞とかの報酬を目当てにしていません。つまり、そのことをやっていること自体が、その人にとっての報酬（楽しさ、幸福感）になっているわけです。

たとえば、ランニングをしている人が、日々の達成感が高じて、エントリー料を払ってまでフルマラソンに出てしまうというのは、何かがほしいからではなく、走ること自体に魅了されているからです。

登山家の中には、凍傷で手足の指がなくなっても登山をやめない人もいますが、まさに山に登ることが好きで好きでたまらないからです。

通常のマラソンの距離は42キロ余ですが、100キロを走るとか、24時間走り続けてその距離を競うといった、「ウルトラマラソン」などが世界各地で行われています。

その中には、エントリーするだけで何十万円もとられる大会もあります。もちろん、会場まで交通費や宿泊費も自前です。

マラソンをしない人から見たら、それこそ「自分からお金まで払って100キロも走るなんて、バカじゃないの」と思うかもしれませんが、でも、走ることに魅了されているから、走れるわけです。

「好きでしょうがないこと」を見つけられるか

一種の「オタク」といえるかもしれませんが、心理学的には、外発的より内発的に動機づけがされている人のほうが、継続性を維持できるし、上達も早いようです。

運動でも、仕事でも、勉強でも、お金とか称賛など、外から目標を与えられてやるのと、自分から目標をつくり、動機づけを行ってやるのでは、「続ける」という観点では、効果がまったく違ってきます。

やはり、自分で内発的動機づけとなるものを見出していかないと、ものごとはなかなか続かないでしょう。

ダイエットに成功しているのも、基本的には、自分で内発的動機づけができるものを見つけている人たちです。

プロのアスリートの中には、内発的動機づけというより、外発的な部分を主にしてやっている選手もいます。でも、そういう選手は、その報酬が得られたら、すぐやめてしまいます。

「オリンピックでメダルをとりたい」というのも、外発的動機づけです。それだけでやっている人は、メダルがとれたら、だいたいやめていきます。そして、そういう人は、その後の人生もあまりうまくいかないケースが多いものです。

メダルをとってもとらなくても、あるいは、メダルを何個もとり、メジャー大会に13連覇しようと、国民栄誉賞を授与されようと、吉田沙保里《よしださおり》選手のように、それこそ内発的動機だけで、つまり、レスリングそのものが好きで好きでしょうがなくてやってきた人は、体力がもつ限り、続けていきます。

クルム伊達公子《だてきみこ》選手も、「最初の現役当時は、どちらかというと外発的な動機でやっていたけれど、いまはテニスをすること自体が楽しくてしょうがない」といっています。

最近は、かつての彼女とは、表情もずいぶん変わってきているように思われます。

特にトップアスリートの人は、子どもの頃からずっとやらされて、トップを走ってきた人が多いものですが、そこには本人の内発的動機づけはほとんど感じられません。基本的には、コーチが勝つためにやらされてきたという感じがしてなりません。

それでは、ずっとは続きません。「勝つためにこの練習をやれ」となると、成長過程のどこかで必ずいやになるときがあります。本人にとって、その練習自体が楽しくなければ、それは当然の結果です。

誰もが一度はそうした壁にぶちあたり、そこで考え方を内発的なものに切り替えることができた選手は、その壁を乗り越えて、また続けていくことができます。

一流であるなしにかかわらず、それをすること自体が楽しいというようにならないと、続けていけないし、オリンピックでメダルをとるような選手でも、そういうものだということを、近くで見ていてもやはり感じさせられます。

内発的なものは、誰でも本能的にもっている

トップアスリートと一般の人とにかかわらず、内発的なものは、誰でも本能的にもっています。ただ、自分ではなかなかそこに気づきません。

その意味からも、先に紹介したように、いまの自分の欲求や要望を100個以上書き出してみるといった方法をぜひ試してみてください。

あるいは、自分が楽しいと思えるもの、自分がやりたいと思う方法があっても、それを自分からいい出しづらい雰囲気もあります。そういうときは、われわれのような立場の者が聞き出していかなければなりません。

学校における教師や、職場における上司も同様です。どうやったら生徒や部下のモチベーションを高め、やる気にさせ、それを持続させられるかを、内発的な部分への刺激で考

えることも必要ではないでしょうか。

私の経験から、こうしたことは従来の練習やトレーニングではあまり行われてこなかったことなので、初めて聞かれた選手はびっくりします。選手の中にも、私たちに対して、そういうことを素直に話してくれる人と、ある種の抵抗を感じる人がいます。

そこは、こちらとその選手とのあいだにしっかりした信頼関係が形成されていないと、なかなか話してはくれません。

選手によっては、すぐに良好な関係を築ける人もいますが、年齢や性別が違うと、容易にはできない人もいます。だから、やはり地道に時間をかけて取り組まなければなりません。

6 外発的な人を内発的な人に変える効果的な方法

「ソーヤ効果」で楽しいものだと思わせる

ダイエットという外因的な目的で始めたランニングも、走って達成感にひたっているうちに、走ること自体が好きになり、それが習慣化すれば、逆にやめるほうがむずかしくなるのではないでしょうか。

じつは、モチベーション理論の中に、**外発的動機づけの人を内発的動機づけに変える方法**というのがあります。

「メダルをとるためだ。メダルがほしいなら、これをやれ」

コーチが選手に対して、いつもそんなことをいって練習に取り組ませていたとします。激励のつもりでも、上に立つ人がメダルという外発的なものばかりで教えていると、選手自身も、「メダルがとりたい」、「メダルがほしい」と、そればかりになってきます。

これでは一時的な効果はあっても、長続きはしません。その結果、メダルがとれなければ大きな挫折感を背負わされ、メダルがとれても先の目標を失って競技から離れていくことになります。

私たちが行うトレーニングは、選手にとって、退屈でつまらないものかもしれません。そこで、あまり乗り気でない選手に対してつい、「メダルをとりたければ……」といった誘導をしてしまいがちです。

そうではなく、こちらから、「君と一緒にトレーニングしているのが楽しいんだよ」といった気持ちを、表に出していくようにします。

選手と一緒に走る場合も、「フィジカルを向上させるために走ろう」とか、「心肺機能アップのために坂道を上ろう」ではなく、「一緒に走っていると気持ちがいいね」ということを、積極的に言葉でいうようにします。

このようにして続けていると、選手もだんだんと、私と一緒にセッションをしているのが楽しいと思えるようになってきます。やがて、つまらないと思っていたトレーニングメニューそのものが好きになっていくように仕向けるわけです。

こうした手法を、**「ソーヤ効果」**といいます。

マーク・トウェインの小説『トム・ソーヤの冒険』に、主人公のトム少年がいたずらした罰で塀のペンキ塗りをさせられるシーンがあります。罰だと思えばおもしろくありません。それを、仲間たちに、ペンキ塗りはじつはとても楽しい遊びなのだと思わせて、まんまと彼らにやらせてしまうというお話です。

「やるな」といわれると人はやりたくなる

やらなければならないことだと思うとやりたくなくなり、やらなくてもいいことだと思うとやりたくなる——人間にはそういうところがあります。

「やりたくなければ、サボってもいいよ」

そういってやると、往々にして自分からやるようになったりする場合もあるでしょう。

また、そういわれてサボると、よけいに「サボらなければよかった」と後悔の念を強くします。すると心の中で、後悔する自分がいやで、そのような気持ちになるのを避けようとする意識が働きます。こうして、自分から進んで続けていくようになります。

これも、内発的に動機づけされた姿です。

選手と一緒に走っているときでも、「こういういい天気のときに走るのは気持ちがいいね」ということをいうようにしていくと、選手は走ることに徐々に爽快感を覚えるようになり、そういうことも、内発的動機づけになっていきます。

筋力トレーニングをしていても、「このトレーニングをして、ここを強くして」といった昔流のやり方では長続きしません。

「じゃあ、このトレーニングをやろう、ぼくと競争だ」

そんなゲーム感覚を取り入れたり、一緒に遊ぶような感覚で取り組んだりしていくと、やはり内発的なものに変わっていく人もいます。

「朱《しゅ》に交われば赤くなる」

「報酬だけを目当てに頑張ってもダメだ」

こんなふうに直接的に言葉でいっても、あまり効果はありません。

外発的な人を内発的に変える最も効果的な方法は、内発的な環境のところに、外発的な人をポンと入れてやることです。

「朱に交われば」のたとえどおり、周りがみんな内発的ですから、その人も自然に内発的になっていきます。

逆に、周りが外発的だと、その人も外発的になってしまいます。

外発的な人を内発的な人に変える「ソーヤ効果」

メダルをとるためだ、
これをやれ！
一緒にトレーニング
しているのが
楽しいんだよ！
辛い…つまらない…
外発的なものばかりで目標を示すと、
一時的な効果はあっても長続きしない
楽しい、気持ちがいい！
一緒に遊ぶような感覚で取り組むと、
徐々に内発的に動機づけされていく
外発的な人を内発的に変える最も効果的な方法は、
内発的な環境のところに、外発的な人を入れること
私たちはこれが楽しくてしようがないんだ！
そう、だよな…

内発的動機づけのための環境をつくるには、指導的立場の人が自ら内発的動機づけでやっているかどうかが重要になります。

トム・ソーヤ少年は、いやなペンキ塗りでしたが、鼻歌交じりに、いかにも楽しげにやっていました。それを見た仲間たちが、「おれにもやらせてくれ」といっても、こんな楽しいことを人に譲るわけにはいかないといって断ります。すると、周りはますますそれがしたくなります。

結局、トムは彼らにやらせてあげるかわりに、彼らからリンゴやらおもちゃなどをせしめてしまいます。

会社の職場でも、部下たちが外発的な動機づけで「仕事をやらされている」という感じでは、能率も悪く、成績も上がってきません。

そうした職場環境を内発的に変えたいと思ったら、上司である自分が率先して内発的にやっているということをあらわしていく必要があります。

内発的に取り組める人が一流になる

たとえば、1年ぐらいで終わる短期プロジェクトなら、「売り上げを1割上げる」といった目標でもやっていけるでしょう。成績上位者に部長賞を出すとか、鼻先にニンジンをぶら下げておけば、1~2年ぐらいならもつかもしれません。

短い期間なら外発的な動機だけで続けられますが、でも、長くは続きません。一流になるためにずっと続けようとしたら、それでは無理です。

「もうダメだ」と思ったら、どこかの時点で古い体質を捨てて、いったんリセットすることが必要です。

私の職場でも、かつて私自身がなんとか売り上げを伸ばしたいという気持ちで必死に頑張っていたときは、スタッフの中に、「こんな時給では安すぎる」とか、「この報酬ではできません」と、不満を口にする人もいました。

ところが、自分自身が内発的動機づけでやるように変わってきたら、スタッフもやりたい仕事を自分で見つけるようになってきました。

「私はこの仕事をやりたいんです。報酬は成果が出てからでけっこうですから、やらせてください」

そうすると、ますます仕事が好きになります。好きなことは、やめられません。

オフィスとしての雰囲気もぐっと上がってきます。

このようにして、職場環境が内発的なものに変われば、スタッフ全員に続ける力がつき、継続性も向上していきます。

第5章

最後まで確実にやり遂げるコツ

1

失敗は「切り捨て・切り替え」スランプから抜け出す方法

スランプに陥るか否かも受けとめ方しだい

ストレスが過剰に加わると、交感神経が優位になって血管や筋肉が収縮し、血行が悪くなって、疲労物質もたまりやすくなります。筋肉が痙攣《けいれん》を起こして痛みの原因になったりしますが、専門の病院で診てもらっても所見は見つかりません。

これが、心身の不調から起こるスランプの典型的パターンです。

呼吸法で副交感神経を優位にしたり、前述したように、泣くことでβエンドルフィンが分泌され、すっきりしたり、気分が晴れやかになったりすることがきっかけで、スランプから脱出していく場合もあります。

何かを始めてすぐスランプがくることはありません。何がしかの経験と時間の経過があって、スランプは起こってきます。それは、いずれ誰にでも必ずやってくるものです。

スランプがくるまでのあいだに、必ず何回かの小さな失敗をしているはずです。その失敗をその人がどのように考え、受けとめるかによって、その人がスランプに陥るか否かが決まってきます。

失敗したことを振り返るほどできなくなる理由

たとえば、試合に出て負けたとします。負けた試合のあと、本人は必ず、ああすればよかった、こうすればよかったと、思い悩むことでしょう。

会社の仕事で失敗して上司に怒られたときも、あるプロジェクトで目標とした成果を達成できなかったときも、誰もがそう思ってしまうはずです。

そうした場合、旧来の考え方は、「失敗したことを振り返って、それを次に生かせ」というものでした。

でも、それをあまり極端にしすぎると、逆効果になる場合が少なくありません。

「あんなに強い選手が、1時間練習しても、サーブがほとんど入らなくなりました。とてもプロとは思えない状況なんですが」

あるテニスのコーチから、そんな相談を受けたことがあります。

テニスや卓球の選手の場合、プレー中にアウトにしてしまった一球について、「どうしてアウトにしてしまったのだろう。これがいけなかったんじゃないか。あれがいけなかったんじゃないか」と、いろいろ考え始めます。

そうすると、頭の中では、いま失敗したことがイメージづくりされていきます。その映像を何度も繰り返して思い浮かべるため、次の動作もまた失敗してしまいます。

次もまた失敗すると、失敗が脳に刷り込まれて、何回やっても同じミスを繰り返します。やがて、その状態から脱することができなくなり、長いスランプ状態に陥っていきます。サーブがまったく入らなくなった選手は、まさにそうしたスランプの状態に陥ってしまったのです。

そうすると、気持ちがどんどん落ち込んで、不安に襲われます。そのうちに、ほかのプレーにも悪影響が出て、ランキングの低下という現実に突き当たります。

こうして、もがけばもがくほど、スランプから脱出することができなくなります。そのまま引退につながりかねません。

これは、一度失敗するとそれを克服したいと思ってそればかりにとらわれてしまった結果です。そのミスが勝敗を決するような重要な場面で出たりすると、重く受けとめてしまうのは当然かもしれません。

しかし、そこで重要なのは、**その失敗を、そこで切り捨てなければいけないということです。**

スランプをなくすことは絶対できない

不安というものは、どうあがいても、ゼロにはなりません。

どんなアスリートでも、オリンピックのような大会を前にすれば、不安を感じて当然です。むしろ、適度な不安があったほうが、実力を発揮できることもあります。

ですから、不安を感じても、それを抑えつけようとしないほうが賢明です。不安を無理に抑えつけようとすると、どうしても力むようになります。力んで緊張すれば、よけいに筋肉が硬直して、自分を思うようにコントロールできなくなります。

そうして、ますますスランプ状態に拍車をかけてしまうという悪循環を招きます。

ですから、スランプというものは、なくすことは絶対できないものだと認識する必要があります。

大小にかかわらず、誰だってミスをします。まず、それを当然のこととして受けとめてください。どんな無敵のプロでも、必ずあることです。

切り替えるメンタルの強さが大切

では、どうするか……。

失敗したら、その反省点を次に生かそうなどと考えないことです。試合でミスしたと思っても、それはそこで終わりにします。振り返らない。

過去のことはすぎてしまったことですから、やりなおせません。

同じ失敗を繰り返さないためにも、と思ったら、そのことを思い患《わずら》うのではなく、それとはまったく別の戦術を考えるようにすることです。

いまはこっちの角度で、こういう回転をかけて打って、失敗した。それをなんとか克服しようとするからダメなのです。あれは失敗したのだから、今度は違うことをやろうと、そこですっと切り替えてしまうのです。

自分が失敗したビデオを何度も繰り返して見ていると、結局、スランプにはまってしまいます。それくらいなら、相手がプレーしている場面のビデオを見て、分析・研究したほうがずっと効果的です。

日本人は概して真面目なので、一度失敗すると、何回もそこを練習し続ける傾向があります。失敗をなんとか取り戻したいという気持ちはわかりますが、方法はけっして一つではありません。失敗したらそれは切り捨てて、次は違う方法でいく。その戦法もダメだったら、それも切り捨てる。

先の、サーブが入らなくなった選手の場合、まずサーブの練習をやめることも大切です。1週間ほど、練習では一度もサーブを打たないようにして、ほかのボレーなどの練習をする。そして、忘れた頃にサーブを打ってみると、入るようになっています。

それを、また失敗するのではないかと精神的に不安定な状態で繰り返すから、よけいに失敗してしまうわけです。

ゴルフでもそうです。パターが決まらないとなると、パターばかり練習する傾向があります。すると、失敗のイメージがどんどん刷り込まれてしまって、よけいに脱出できなくなります。

それくらいなら、違う練習をしたほうがいいでしょう。

勇気をもってそれを切り捨てるということが必要だと思います。

2 マンネリを脱出したいタイプ、心地いいと思うタイプ

マンネリに対するとらえ方も人それぞれ

スポーツ選手も、私たちのようなスタッフも、決まったことの繰り返しが多くなると、どうしてもマンネリ感にさいなまれるようになってきます。

ただし、マンネリもある種、続ける力には変わりないのではないか、という考え方もあります。人にとっては、マンネリが心地よい状態にもなりえます。

第1章で述べたタイプA、どちらかというと野心的で向上心が旺盛な人にとって、同じことがずっと続くのは、自分が成長していないのではないかという焦りにつながります。だから、そこから脱出したい。でも、脱出の仕方がわからないと、ますますマンネリに対する焦燥感《しょうそう》が強くなっていきます。

一方、あまり向上心が見られないタイプDの人は、ずっと同じ給料がもらえて、同じ状

態が続くマンネリ化した生活に心地よさを感じてしまいます。

マンネリに対して、脱出したいと思うタイプと、その状態がいいと思うタイプがあって、双方で性格が根本的に違うため、どちらもいけないわけではありません。

社会にとっては、マンネリ感から脱出したいと思っている人たちも必要だし、マンネリ感をずっと続けていきたいという人も必要です。

最近は、どちらかというと、マンネリ感を心地よいと思う人のほうが多いように思われます。特に、20代、30代の若手社員に多いといわれます。

だから、自分はどっちのタイプなのかと考えて、そのタイプでよければそのまま続けていけばいいし、そこから脱出したいと思ったら、進化していけばいいでしょう。

上に立つ人が、タイプDの人に「マンネリ感を続けていくことはいけない」と断定してしまうことが問題で、それはその人の人格であり、その人の仕事の仕方であり、会社にとっては、そういう人も必要だということです。

非難してなおそうとするより、経理部門など、そういう人を必要とする部署につけたり、そういう役割をその人に与えたりすればいいわけです。

どっちが上とか下ではなく、そのように受けとめていけば、上司としてもイライラがなくなってくると思います。

上司と部下の関係にも性格別タイプを利用する

上に立つ人が気をつけなければならないのは、たとえばタイプDの人に無理やりタイプAを要求したりしないことです。周りの環境に気をつけないと、そこから思わぬトラブルが起きたりしかねません。

スポーツ選手は、基本的にタイプAの人が多いけれど、サラリーマンの場合、同じことを淡々と繰り返していく作業など、タイプDでなければこなせない仕事もあります。

タイプAの人から見たら、何が楽しいのかと思うことであっても、それが楽しく、そこに生き甲斐を感じる人もいます。

私たちトレーナーにもいえることですが、特に職場で上に立つ人は、考え方にしても感じ方にしても、部下全員がけっして自分と同じではない、人それぞれに人格も性格も違って当たり前なのだということをよくわきまえておくことが重要です。

タイプA行動を修正するためのエクササイズ

以上を前提とした上で、ものごとを継続させるという観点からはやや難のあるタイプA行動のパターンを修正するための方法を考えてみましょう。

継続性に関して問題があるのは、高すぎる目標を設定する傾向が強い点でしょう。

その結果、よけいに挫折や敗北感を体験してしまいます。競争心が強いから、失敗した自分が許せない。かといって、目標を低くするのは、プライドが許さない。

こうした悪循環によって、精神的なストレスがどんどん蓄積されていくため、どうしても長続きしづらくなります。

タイプAの人に、「目標を低くしましょう」などと、言葉でいっても無駄です。性格と行動パターンが変わらなければ、目標の設定レベルも変えられません。

タイプA行動の根底にあるのは、「〜ねばならない」という思考法です。これを根本的に変えようとしたら、専門の心理士による認知行動療法が必要となります。

それより、ふだんの行動を意識して修正していく方法のほうが、自分でも行えて、成果が実感できるのではないでしょうか。

このタイプには、人に対して敵意をむき出しにする、自尊心が高く、恒常的に時間的切迫感と不安感にとらわれている、などの特徴があります。

こうした行動を修正するためのエクササイズを、次に紹介します。

たとえば、時間的切迫感について、ゆっくり歩く、ゆっくり食べ、ゆっくり話す……といった日常生活での習慣を、少し意識して変えるようにするだけでも効果があります。一度にすべてをやろうとする必要はありません。そうしたはやる気持ちこそ、タイプAの行動パターンそのものです。

曜日ごとに実行するエクササイズを一つ決めておき、毎日、それだけを集中的にやってみることで、行動が自然と修正されていくでしょう。

時間的切迫感を修正するエクササイズ

①ゆっくり歩く

②ゆっくり食べる

③鏡を見てリラックスした顔をつくる

④優しい声でゆっくり話す

⑤店や銀行で長い列に並んでみる

⑥15分間何もせずに音楽を聴く

⑦テーブルに長居する

⑧配偶者や子ども、すべての人の言動に耳を傾ける

⑨配偶者や子ども、すべての人の話を急き立てたり、やめさせたりしない

⑩配偶者と一緒にスーパーマーケットに行き、相手の行動スピードに合わせる

極端な自尊心や不安感を修正するエクササイズ

①いつもの習慣、やり方を一つ変えてみる

②過去の幸せな出来事を思い出し、笑ってみる

③朝、家を出る前に、過去の出来事で自分を褒められることを一つ思い出す

④高校や大学時代のことを10分間思い出してみる

⑤自分で自分の素敵だと思える特質をすべて数え上げてみる

⑥配偶者や子ども、親友に自分の過去の成功と実績のいくつかを順序立てて話す

⑦今日1日で、楽しい記憶になると思われるものをわざと一つつくってみる

⑧1日30分、自分のための時間をつくる

⑨1冊の本の中の二つの章を読んでみる

⑩自分の人生におけるプラスになることすべてを、まとめて書き出してみる

短気で不安定な敵意を修正するエクササイズ

①配偶者や子ども、仲間に言葉で愛情を伝える

②会話に「絶対！」よりも、「私は間違っているかもしれないよ」という言葉を多く入れてみる

③人やペット、植物を注意深く見てみる

④友人や親族に手紙を書く

⑤1日に2人は褒めてみる

⑥いつもしていない行動を家族の前でやってみせて驚かせる

⑦解決法を知っていたとしても、配偶者や子ども、仲間に意見をたずねてみる

⑧人を批判しそうになる前に、そのことをやめる

⑨配偶者や子ども、仲間の人生がより幸せになるために、自分ができることは何かと聞いてみる

⑩街なかでタイプA行動の兆候が出ている人を探して観察してみる

3 最もマンネリ化しやすいのはオンとオフの中間にあるとき

自分が好きでやっていることはマンネリにならない

マンネリに陥るのは、基本的に、それが内発的に誘導されたものではない場合です。内発的に誘導されたもの、自分の好きでやっていることなら、マンネリにはなりません。マージャンが大好きな人は、それが好きでやっていますから、平気で朝まで継続してできてしまうわけです。

ただし、外発的に動機づけられたものなら必ずマンネリ化するかというと、そうともいいきれません。それは工夫しだいです。

たとえば、会社の業務でも、課員の営業成績をグラフにして掲示するとか、一定期間における成績トップ3を写真入りでポスターにして貼り出すとか、たえず視覚効果や第三者による評価などを取り入れてみんなを刺激していけば、活性状態を継続させることは可能です。

最もマンネリ化しやすいのは、内発的ともいえず、外発的でもない、その中間部分にある場合だといわれています。

夫婦関係は内発と外発の中間にあるといってもいいでしょう。結婚したての頃は、気分的にも高揚《こうよう》していますから、マンネリ化はしません。しかし、年月とともに新鮮さが失われてくると、マンネリ状態に陥ってきます。

スポーツ選手でも、その中間に入ってしまう場合があります。たとえば、一つの大会が終わって、次の大会までに長い時間がある場合です。あと1ヵ月後とか2ヵ月後という場合はマンネリにはなりづらいけれど、オリンピックが終わって、次の大会までに4年あるといったときには、どうしてもマンネリ化しやすくなります。

選手をマンネリ化させない方法

マンネリ化を防止するには、スイッチの切り替えがきちんとできるようにすることが大事です。

スポーツ選手に筋力トレーニングをやらせたとします。これを1時間ずっとさせていると、だいたい飽きがきて、マンネリ化します。

トレーニングの中には、必ずインターバル（休憩）があります。筋トレの場合、1セットを終えたあと、1分半から2分ぐらいの休憩時間が入ります。

通常、トレーニングをしているときはスイッチがオンで、インターバルのときはスイッチがオフのはずです。ところが、インターバルのときにスイッチが完全に切れていないことが少なくありません。

つまり、オンとオフの中間状態にあるわけで、こういう場合に、マンネリ化しやすくなります。

そこで、インターバルのときにははっきりとオフにし、再開するときには明確にオンにするというようにしていかなければなりません。

私の指導で、腕立て伏せをやっていたとします。1セットやって、1分半の休憩に入ります。そのとき、ずっと黙っているわけにもいかないので、何か世間話をします。

そして、時計を見ていて、1分半たった頃、「じゃあ、次、いこうか」といって、2セット目に入ります。

以前、私はこの方法でやっていましたが、これだとスイッチは中途半端な状態です。休憩から2セット目に入るところが、どうも明確ではありません。

そこで、休憩に入る前、1分30秒にセットしたストップウォッチのスイッチを押すようにしました。時間がくると、ピーッと鳴ります。世間話をしている途中でも、アラームが鳴れば、そこで休憩時間は終わりというように、音を使ってはっきりさせたわけです。

これを習慣化しておけば、選手たちは「パブロフの犬」のように、休憩のときに談笑していても、ピーッと鳴ったとたん、真剣な表情に変わって、自分からトレーニングを再開するようになります。

こういうことを1時間半とか2時間のセッションの中で何十回、何百回と繰り返していくと、スイッチオフ、スイッチオンの切り替えが習慣づけられて、マンネリ化の防止になります。

4

「集中力」はリセットするごとに高まる

集中しない時間をつくって切り替えをはかる

ものごとに立ち向かうとき、やる気を集中させて取り組めば、より大きな成果をものにすることができます。その成果が、さらにやる気をアップさせてくれます。

しかし、集中力をずっと維持することはむずかしく、どこかで必ずとぎれます。同じことだけをしていて、そのことに集中力を何時間も保つということは不可能です。

個人差はあるにしても、1時間前後がいいところでしょう。私の場合は、45分が限度です。どんなアスリートでも、数時間も集中力を維持できる人はいません。

集中力には寿命があって、長続きしないのは当たり前と考えるべきでしょう。

大切なのは、集中力を長時間にわたって維持させることではなく、スイッチのオンとオフの切り替えをうまく行って、効果的に成果を得ることです。

一流の選手は、筋力トレーニングをするにしても、しているときは全神経をそこに集中させて没頭します。ほかの人が周囲にいても、あたかも一人の部屋でやっているかのように、脇目もふりません。

一つのセットが終わったあと、1分半のインターバルのあいだは、一転して、他の選手と競技やトレーニングとはまったく関係ない雑談をしています。あえて集中しない時間をつくり、筋肉をリラックスさせているわけです。

そして、再開の合図があると、さっきは世間話をして笑っていたのに、また一人の世界にスッと戻っていきます。

いったん、集中力をリセットしてやると、次にはさらによけいに集中力が高まることもあります。

よく野球のコーチが、「10分間、打撃の練習」といってバッティング練習に取り組ませます。それが終わると、パンと手を叩いて、「よし、休憩」などとかけ声をかけるのも、音を出すことによって、集中力の切り替えをはかっているわけです。

そういう明確な切り替えがなく、ただダラダラと練習をしていると、いつのまにかマンネリ化して、成果のない無駄な練習に陥っていきます。

一流選手たちは、密度の高い練習をして、スランプとマンネリの両方を防止しているわけです。

仕事のマンネリは、人生のマンネリ化を招く

会社の業務でも、多忙になればなるほど、時間を惜しむあまり、ブレークタイムを挟むことなく仕事を続けがちです。

しかし、それでは集中力がとぎれて、かえって能率の低下を招いてしまい、かけた時間のわりに成果をあげることができません。

むしろ、適度な休憩を挟むことによって、仕事にメリハリをつけ、よりパフォーマンスを高めていくことが重要です。

先述したように、最近はマンネリ感を心地よいと思う人が多くなったように思われます。

また、マンネリから脱出したいと思う人にも、いろいろなタイプがあります。

さらに高いハードルを自分に課して乗り越えていくタイプもいれば、その中に楽しさを見出そうとするタイプもいます。

そうかと思うと、自分の中にまったく違う楽しみを見出し、それを追求しながらマンネリ感から脱出した人もいます。

たとえば、ずっと仕事一辺倒だったのが、釣りを趣味にするようになり、高価な釣り竿を買うためにいまの仕事を頑張ろうとしてマンネリ感を乗り越えた人とか、高級車がほしくなり、それを買うために退屈な仕事も頑張るようになったという人もいます。

こうしたことも一つの方法でしょう。

会社の仕事は生きるための糧を得る手段です。その過程で、いくらかの達成感や充実感を味わうことはできますが、そうした外発的に動機づけられたことだけに時間を費やすことで、人生のマンネリ化を招いてはいないでしょうか。

プライベート、家族との生活を犠牲にした生き方では、幸せの度合いとしては物足りなくなるのではないでしょうか。

そこの切り替えがうまくできないと、仕事と私生活の両方がマンネリ化して、人生そのものがつまらないものになってしまいます。

切り替えがきっちりとできていれば、私生活にも会社の仕事にも、モチベーションを高く保ったまま取り組むことができます。

5

違う種類の集中を取り入れるとパフォーマンスが上がる

休憩中も選手は別の集中力を働かせている

スポーツの試合は、ずっとプレーを続けているわけではありません。バレーボールにしても、卓球にしても、サッカーにしても、試合をしているあいだに、必ず休みがあります。

でも、休んでいるときも、ボーッとして何も考えないわけではありません。トレーニングとは違って試合中は、タイムが解けたらあとのプレーがとても重要ですから、休憩中にはそのことを考える必要があります。そこで集中力を絶やしてしまうわけにはいきません。

プレーをしているときの集中力と、次のプレーを考える集中力と、内容は変わりますが、集中状態はずっと維持されます。身体を動かしながらする集中と、身体を動かしていないときにする集中が繰り返しやってきます。

テニスや卓球など、ベンチに戻ってきて、座って汗をふいて水を飲んでいるときにも、何かしらに集中力を働かせています。

観戦している人たちは、選手がいかにもリラックスしているかのように感じるかもしれませんが、実際は集中しています。ただ、それは違う種類の集中なのです。

だから、試合中はずっと集中していなければいけないけれども、**種類が変わることによって、自動的にスイッチの切り替えが行われている**わけです。

トレーニングをしている最中は、たとえば腕立て伏せを20回やったとします。それが終わると、1分半のインターバルで、音が鳴るまでは世間話などをしています。このときは完全にオフの状態になります。

これが、大会が近くなってくると、またやり方が違ってきます。集中力を維持させなければなりませんから、腕立て伏せをしているときは筋力トレーニングに集中しますが、それが終わったら、1分半、選手に本を読ませることがあります。

「この本を、1分半以内に3ページ、集中して読んでください。あとで内容を聞くから、よく覚えておくように」

そして、1分半たって音が鳴ったら、また筋力トレーニングに入る。

試合が近くなってくると、このように集中する種類を変えて、それを維持させるという訓練をすることも必要になります。

切り替え力を上げるために読書を利用する

私は仕事で原稿を書いたり、書いたものをチェックしたりします。講演会の準備をするときもそうですが、仕事の内容のわりには、パソコンに向かっている時間がかなり長くなります。日によっては、朝から夕方までデスクワークが続くこともあります。

ところが、このパソコンに向かっているあいだ、集中力がなかなか続きません。私の場合、10分が限度です。

これをすませておかなければ、あしたの予定がこなせないというときもあります。このように、集中力を続けたいというときに必ずする方法があります。

それは読書です。

パソコンのかたわらに、小説本を置いておきます。そして、10分間、パソコンを操作したら、そこでとめて、小説本を手にして読みます。短いものなら、1章分を読み、それが終わったら、またパソコンを操作する……それを繰り返していきます。

こうすると、パソコンだけで続けているより、たいていは仕事が早く終わります。

急ぎの仕事なのだから、本を読むヒマがあったらパソコンに集中すればいいのに――多くの人はそう思いがちですが、少なくとも私の場合は、切り替えの繰り返しで進めたほうが明らかに早く終わります。

しかも、原稿づくりの仕事で行き詰まっていたときなど、まったく関係ない本を集中して読んでからもとの仕事に戻ったときには、新しいアイディアが次々に浮かんでくることがよくあります。

ただ集中させる対象を切り替えただけなのに、それまでは考えてもいなかったことが、出てきたりするようになりました。

私の場合は10分という時間設定ですが、個人差があって、人によっては30分の人もいれば、1時間の人もいると思います。自分に合わせた時間を設定していけばいいでしょう。

パソコンで原稿を書きながら、インターバルではネットサーフィンをする、ということをしていた時期もありました。

ところが、次から次にリンク先に飛んだりしていると、どうしてもインターバルのほうが長くなって、仕事が進みません。だから、やめました。

文章には段落がありますから、区切りをつけやすく、つい小説にのめり込んでも、いつまでもダラダラということはありません。

それに、ネットだと、パソコンをのぞき込んでいる姿勢に変わりはありませんので、切り替えが曖昧《あいまい》になりやすいです。

その点、本を読む場合は、姿勢がまったく変わるので、集中の切り替えがしやすいという利点があります。

切り替えをうまくやれば長続きする

サッカーとかテニスなどのプレーの練習の場合、選手たちは前向きに取り組みます。その競技が好きでやっているわけですから、練習をやっていても楽しい。

ところが、筋力トレーニングやランニングの場合、やらなくてもすませることはできます。プレーの練習だけで成果が出るなら、きつい、つらい、つまらないトレーニングなど、わざわざやりたくないと思うのが当然です。

だから、黙っていると、だいたいサボりたがります。**その切り替えをうまくしてやらないと、長続きはしません。**

おそらく仕事でもそうでしょう。ラクして食べていけるなら、誰も仕事をしないでしょう。自分の好きなことだけして生きていけるなら、それにこしたことはありません。

第5章 │ 最後まで確実にやり遂げるコツ

切り替えをはっきりさせると集中力も長続きしやすい

野球の練習で……

ON

パンと手を叩く

OFF

「10分間、打撃の練習！」

選手をバッティング練習に
取り組ませる

「よし、休憩！」

音を出すことによって、
集中力の切り替えをはかる

デスクワークで集中力をあげる方法として……

違う種類の集中に変える

ON

OFF

パソコンを操作したら

（10分、30分、1時間など
自分に合った時間で）

読書をする

（終わったら、また
パソコン操作へ）

大切なのは、集中力を長く維持させることではなく、

スイッチのオンとオフの切り替えを
うまく行って、効果的に成果を得ること

そういう環境を手に入れている人は、それほど多くはありません。多くの人にとって、自分が勤めている会社の仕事は、いやでもやらざるをえないことだと思います。

それを続けていくには、外発的誘因と内発的誘因の中間のところでダラダラと仕事を続けるのではなく、両者の切り替えをはっきりさせることが肝心なのです。

6 ライバルがいるとダメになる？自分フレーズをつくろう

相手を負かしたいと思う状況にあるか

マンネリから脱するという点では、ライバルの出現、あるいはライバルをつくることも、一つのきっかけにはなりうるでしょう。

福原愛《ふくはらあい》選手にしても、これまで日本ではずっとトップの座にいて、マンネリとはいいませんが、野心という点では、多少はダウンしていたかもしれません。

ところが、下から石川佳純《いしかわかすみ》選手が頭角をあらわしてきたことで、安穏とはしていられなくなります。しかも、一度でも抜かれたら、やはり悔しいと思いますから、もう一度、取り返そうとして集中して練習に励むので、技術的にも向上します。

オリンピック選手クラスになってくると、代表枠が決められていますから、全員がオリンピックに出られるわけではありません。すると、あの人さえいなければ自分は出場できるのに、と思えば、その人を蹴落としてでも上にいきたいと思うのは当然です。

卑怯な手を使ったり、悪口をいったりするのはいけないことですが、正々堂々とやって相手を負かしたいと思うことは、むしろいいことです。

だから、ライバルを見つけるべきだと思います。

ライバルをつくらないほうがいい場合もある

ただし、会社の仕事のように、外発的動機づけだけでやっている事柄について、マンネリ化を防ぐためにライバルをつくるという考え方は、あまり推奨できません。

外発的なものだけでやっていることで、自分が誰かより優位に立ったとしても、それはけっして長続きしないし、最終的に自分の中に残るのは、おそらく虚しさだけのような気がします。

何かのプロジェクトで、やりたくもない仕事で相手に勝ってボーナスをいくらかアップさせたとします。一方の相手は、ボーナスは上がらなかったけれど、内発的な仕事をいきいき、のびのびとやっていたとしたら、そのとき、どちらがどちらをうらやましいと思うでしょうか。

外発的なもので勝ってボーナスを何万円上げたかというのは、一時的な感動であって、それが2回、3回と続くと、感覚がマヒしてきます。そうすると、内発的動機づけで成果をあげたライバルのほうを、うらやましいと思うようになるのではないでしょうか。

やりたくないことをやらなければならないときには、自分に対して、生きていくために必要なことと言い聞かせるしかないのかもしれませんが、先に紹介したトム・ソーヤ少年のように、ライバルに対して、「自分がやっていることは、とてもおもしろいんだ。楽しいからやっているんだ」と相手に思わせるように仕事をするというのもいいかもしれません。

しかも、そういう気持ちで仕事をしていれば、その仕事に対し、それまで思ってもいなかったようなおもしろさに気づくかもしれません。

そうしたら、だんだんと内発的動機づけに変わっていくかもしれません。

自分だけの気合フレーズをつくっておく

モチベーションを維持させるために、試合の前に気合を入れたり、頬を叩いたり、独特の動作をする選手がいます。自分なりのフレーズを決めて、ことあるごとに自分に言い聞かせている人もいます。

これも、切り替えの合図の役目を果たします。

技術的なコーチと違って、私の場合は選手のメンタル面もケアしますので、そういうフレーズを、選手と二人で決めておいたりすることもあります。

「本にこういうことが書いてあったけど、どう思いますか」

選手からそういった話があり、その選手にとってはもっともなことだなと思ったら、それをメモしておきます。

「漫画の『SLAM DUNK』にこんな言葉があったけど、これは自分に合っているような気がするんです」

そんなふうにいってきたら、それを記録しておきます。

その人にとっては、その言葉が印象に残ったわけですから、何かしら意味があります。ただ、選手たちはそういう言葉をわりと軽くとらえますから、すぐに忘れてしまって、いざというときに思い出せません。そんなときに、それを思い出させてやるのも私の仕事だと思っています。

大きな試合の前の日に、それまでにその選手が心を動かされた言葉をまとめて、メールで送信してやったりすると、自分では忘れていたことが思い出されて、スイッチを入れる

有名人の名言や本、身近な人の言葉などから「自分だけの気合フレーズ」をつくってみるといい

たとえば……

アスリートの言葉から

「小さいことを積み重ねるのが、とんでもないところへ行くただひとつの道」（イチロー）

「敵は俺が思うほど強くはない。俺は俺が思うほど弱くはない」（三浦知良）

「10本連続でシュートを外しても僕はためらわない。次の1本が成功すれば、それは100本連続で成功する最初の1本目かもしれないだろう」（マイケル・ジョーダン）

漫画・アニメから

「最後まで……希望をすてちゃいかん。あきらめたらそこで試合終了だよ」（『SLAM DUNK』より）

「無理とわかっていても、やんなきゃなんねー時だってあるんだ!!」（『DRAGON BALL』より）

「人の成長は……未熟な過去に打ち勝つことだ」（『ジョジョの奇妙な冒険』より）

世界の偉人の言葉から

「自分が行動したことすべては取るに足らないことかもしれない。しかし、行動したというそのことが重要なのである」（マハトマ・ガンジー）

「終着点は重要じゃない。旅の途中でどれだけ楽しいことをやり遂げているかが大事なんだ」（スティーブ・ジョブズ）

きっかけになります。

他人の「座《ざ》右《ゆう》の銘《めい》」を聞かされても、「それがどうしたの」程度にしか感じないことが多いものです。

たとえば、社長が座右の銘を書いて、「これを目指してやれ」と命令しても、それは社長の座右の銘であって、部下のものではありません。

ところが、こちらから知らせてやるにしても、それは以前にその選手が何かを感じた言葉をメモしておいたものですから、受け取り方も違ってくるはずです。

こうしたことも、モチベーションを維持させる方法としては役立つのではないでしょうか。

7 目標達成後のアスリートのモチベーション維持法

トレーナーとしての目標が叶ったロンドンオリンピック

「オリンピックでメダルをとる選手を育てたわけですから、あなたの目標は叶いましたね」

周りからよくいわれます。

たしかにトレーナーになりたての頃の夢は、トレーナーとして、メダルのとれる選手を育成することでした。でも、自分が指導した選手がオリンピックでメダルをとるなどということは、はるか先のとてつもない夢でした。あまりにも高いところにありすぎて、口に出すのもはばかられるくらいの高嶺の花でした。

他人にこそいえませんでしたが、この仕事を始めてから20年以上、そうなりたいという気持ちは私の奥底にずっとありましたし、そのほかにも、いくつかの夢をもっていました。

多くのクライアントを獲得したい、講演活動をしたり、本を書いたりして、できるだけ広く自分の理論を知らせていきたい……。

そして、最終的なメダリストを育成するという夢も含め、目的がほぼ叶ってくると、そこまでいくつもの目標を設定しながら、がむしゃらに階段を上ってきただけに、いま、自分の中で大きな区切りがついたような気がしています。

通常だったら、なし遂げた、やりきったという思いがあまりにも強すぎるため、燃え尽き症候群に陥って、完全にやる気を失ってしまうところでしょう。

ロンドンオリンピックのあと、メダリストたちと食事をしながら話をする機会がありましたが、彼らの中にも燃え尽き症候群になっている人がかなり見受けられましたから、自分がそうなっても不思議ではないなという思いが私の中にもありました。

しかし、そこで私は考えました。

がむしゃらにやるのはもうよそう、これからはトレーナーという仕事を楽しんでいこう、自分がおもしろいと思った本を読み、おもしろいと思った分野を勉強し、おもしろいと思った仕事だけをしていこう……そのようなライフスタイルに切り替えていこうと思ったとたん、すっと肩の荷が下りて、周りからの期待感からくるプレッシャーもすんなりと受け入れることができるようになったのです。

心の持ち方一つで状況がガラリと一変してしまうという瞬間を実感させられました。

そして、それからあとのほうが、トレーナーの仕事での満足感が強くなり、講演会や記者から取材を受けるときも、しゃべる内容がずっとよくなったような気がします。

以前は、一つの取材を受けるにも、すごく入念に準備をして万全の態勢で臨んでいました。しかし、その頃より、いまのほうがずっと自分らしい気がします。仕事をしていても、前よりはるかに楽しいです。

自分のためにやるのか、楽しむためにやるのか

「周りからはもうメダルはとれないだろうと思われているけれど、自分はまだ選手を続けていくつもりだ」

あるメダリストが、そんなふうにいっていました。

それまではずっと自分のためだけに頑張ってきた。でも、自分はメダルがとれたので、このあとの選手生活は、後輩を指導しながら、一緒に練習をしていきたい、というのです。

「自分もいつかはやめる決断をしなければいけない。そうなったときに、メダルをとったあと、自分がどんな選手生活を送ってきたかを、自信をもって人に話せるものが一つでも

築けたら、たぶん気持ちよくやめられると思う」

そのほかにも、こういう言い方をしている人が何人かいました。

「これからは、取り組みの姿勢を変えていかないと……。自分のためだけにやろうと思ったら、とても続かないだろう」

仕事でも同じだと思います。それまでずっと野心的に仕事をしてきたが、これ以上はむずかしいと思うことがあったら、お金を稼ぐとか、自分のポストを上げるとかいったことは抜きにして、これからは楽しむためにやっていこうというように考え方を変えたほうが、かえって長続きするような気がします。

そこの切り替えのタイミングは自分で決めればいいと思うし、これからさらに高齢化社会が進めば、ますますそうした視点が要求されるようになるのではないでしょうか。

50代、60代でリタイアしてしまうのではなく、**動因を変えることによって新たなモチベーションを引き出し、ずっと継続させていくこと**が重要だと思います。

逆に、そんなところに継続させるための秘訣が隠されているのかもしれません。

最近は、子どもを生んでからもマラソンを続けているママさんランナーがいますし、家庭をもちながら選手生活を送っている人もいます。

クルム伊達《だて》公子《きみこ》選手、三浦《みうら》知良《かずよし》選手のように、40歳をすぎても競技をしている選手が増えてきました。そういう選手を見れば、誰もが励まされるはずです。

そういう意味では、いろいろなかたちでやり続けることが推奨される時代になってきたのは嬉しい限りです。

モチベーションコントロールが必要な時代

40歳、50歳になってくると、社会人になりたての頃に抱いていた願望、たとえば年収をいくらとりたいとか、こういう役職につきたいとか、そういう目標の一つや二つは必ずクリアしていることでしょう。

ただ、それをクリアしたときに、「ああ、やったな」で終わってしまってはいないでしょうか。そこで終わっているとしたら、もしかして、あなたのモチベーションは切れてしまっているのかもしれません。

継続のためには、一つの壁を越えたら、考え方を変えて、次は違う目標に向かっていくことが重要になってきます。

金メダルをとった人が、有終の美を飾って競技生活から去っていくのも、それはそれで格好いいでしょう。しかし、それまでとは違った目標を設定して、競技を続けていくことも、すばらしいことです。

一般社会にあっても、同じことだと思います。それはけっして格好の悪いことではありません。

私のクライアントの中には、芸能界の人も何人かいます。

芸能人というのは、名前をあげるまでがすごく大変で、有名になるまでは、たとえ単価は安くても、ＣＭの本数をたくさんこなし、端役でもいいから出られるドラマにはいっぱい出て、そうやって少しずつ名前を知られていくわけです。

そのようにして下積みの苦労をした上で、やっとある程度、知名度が高まってきたときに、必ず燃え尽き症候群のような状態にとらわれるといいます。あるいは、「自分は本当にこのままでいいのか」と思ってしまうようです。

そのあたりで、ドラッグや酒に溺れたりする人もいます。ちょっと人気がなくなってきたと感じると、さらに落ち込んでいきます。

そういうときに、「これからは俳優という仕事を楽しみながらやっていこう」というように考え方を変えた人は、たとえ仕事量が減っても、輝いています。

私の知り合いのモデルさんも、最盛期に比べれば、ずっと出番が減ってきました。しかし、彼女は結婚し、出産して、母親という充実感ができたため、モデルの仕事が減ったとしても、落ち込むことはありませんでした。

彼女の人生において、モデルというのはセカンドステージであり、母親であることをメインステージととらえているのでしょう。

母親であるための目標の階段を一つずつクリアしていく姿は、端から見てもいきいきとしていて、とても美しいものです。

母親業もモデル業も同じ幅だけほしいと思ってやっている人は、結局のところ、どっちつかずになり、どちらも継続させることができなくなります。

私たちのようなトレーナーも、自らのモチベーションをうまくコントロールしていくことが、今後はますます重要になることでしょう。

8 続けるだけで、自分が変わっていく

続けられたことは、やがて大きな自信になる

「ランニングをすることに、どういう意味があるんですか」

「私は競走の選手ではないのに、なんで私が走らなければいけないんですか」

クライアントの中には、ランニングがとても嫌いな選手もいます。特にゲーム系競技の選手は、あまり得意ではありません。

そうした人が最初の頃に決まって口にするのが、そうした言葉です。

そこで、なぜ走らなければならないかを、科学的、論理的に説明してやらなければならない選手もいます。でも、たいていの人には、このように話します。

「あんなにいやだったランニングが、あなたはもう4日も続けられたではないですか。これは、いままでのあなたとは大きく変わっているところなんですよ」

そのことをわかってもらうのが重要です。

あるいは、こんなふうにいう場合もあります。

「ランニングによって、フィジカル面での目に見える効果は感じられなかったとしても、試合の前に負けそうな気がして不安になったとき、自分はあんなに嫌いなランニングを20日間も連続してやったんだということが、きっと大きな自信のもとになってくると思いますよ」

人間というのは、具体的な成果をあげたことより、むしろ続けてこられたことのほうが、自分にとっては大きな自信になるし、そのほうが長続きするためのモチベーションを高めてくれるのではないでしょうか。

メダルをとれたことより、そこまでの何年ものあいだに、これだけのことをやり続けてこられたんだということのほうが、大きな充実感をもたらしてくれるのではないでしょうか。

惜しくもメダルを逃したとしても、その充実感は残り、その後の人生にとって、大きな力になるのではないでしょうか。

だから、何ごとにつけ、1～2回で終わらせないで、何日も何日も繰り返していくことが重要になるのです。

生きることは、続けること

「続けることで、自分が変わっていく」

この言葉を、私はとても大事にしています。とても好きです。

続けた結果、変わったというより、続けているいま、自分も変わっている、という認識をもつこと、みなさんにそうしてもらいたいと願っています。

オリンピックで金メダルを獲得するといった大きな変化がもたらされるのは、ずっと続けた結果です。「オリンピックで金メダルをとりたい」と、そこにばかり目を向けていたら、モチベーションが維持できず、長続きはしません。

ずっと先の変化だけに目を向けるのではなく、いま続けているということにだけ目を向けている人のほうが、個々には小さくても、それだけ達成感の蓄積がありますから、長続きします。

そうした成果と達成感の先に、最終的なゴールが待っています。

いま続けてやっていることに自信をもってほしいし、自分を偉い、すばらしい人間だと思っていただきたい。

いま続けているということが、ずっと続けられれば、いつかは自然に目標としていたものが手に入ってきます。

ゴールのほうから勝手にやってきてくれます。

その大きな達成感が、また新しい次の目標をもたらしてくれます。

こうして、ものごとは継続していきます。

おわりに

スポーツトレーナーである私がこのような自己啓発のような本を書かせていただくようになるとは、トレーナーになりたての頃には予想だにしませんでした。

私がトレーナーとして心理学を勉強し、人の「やる気（Motivation）」がいかに現場で必要な知識なのかを実感したのは、私の失敗体験と挫折からです。

私の性格は、完璧主義で職人気質です。トレーナーという仕事はそうであるべきだと思っていましたし、とにかく専門的な技術と知識、経験、実績がすべてであると思っていました。それらを高めていけば自然と、クライアントがついて、みな成果をあげていくものだと思っていました。

しかし、実際に現場に出てみると、いくらそれらを高めてもクライアントが継続しないし成果が出ない。

「なぜこのクライアントたちは、私のいうことを聞かないのだろうか？」

「私のいうことをちゃんと聞いて実践すれば、必ず成果が出るのに」

「メンタルが弱すぎる！」

そんなことばかり思っていました。

しかし、そんなことばかり思っていても、実際にクライアントがつかなければ食べていくことができません。勉強もしているし経験をも積んでいるのに、なぜ私はこの仕事でちゃんと食べることができないのか？　そんな挫折感で一杯になっていた時期もありました。

そんなとき、自分に足りないものは、人の心を理解することだと漠然と感じ、まず心理学の勉強から始めることにしました。今まで勉強していた運動生理学や機能解剖学、スポーツ医学とは全く違った分野の学問にとても苦労しました。

その学びの中での大きな気づきの一つが、「できないクライアントは、ダメなクライアントだ」と決めつけている自分自身に問題があるということでした。

「他人と過去は変えられない」

心理学を勉強し始めたいちばん最初の頃に、そんな言葉を聞きました。

当たり前のことですが、その言葉を聞いたときに冷や汗が出たことを、今でも鮮明に覚えています。私はトレーナーという職業は、専門的な知識を使って（武器にして）、他人を変えることだと思っていたからです。

今もこうやって好きで好きでたまらないトレーナーという仕事を20年以上も続けること

ができているのは、このことに気づけたおかげだと思っています。

命令して行動を変えさせようという考えしかなかった自分が、心理学を勉強し、それを現場で試行錯誤しながら実践してきたことを本書に綴《つづ》りました。

失敗もたくさんありました。しかし、そんな失敗を繰り返していく中で、多くのクライアントの方々から教えていただいたことが一番の知識となったことはいうまでもありません。

2012年夏、私はトレーナー人生で最も幸せな時を迎えることができました。

私が担当する福原愛選手が、ロンドンオリンピック卓球女子団体で銀メダルを獲得しました。メダル獲得を決めた瞬間も、そして表彰式も、その場に立ち会うことができたことは、個人トレーナーとしてこれほど幸せなことはありません。私の長年の夢を、彼女が叶えてくれた瞬間でもあります。

彼女を担当していく中で、彼女からたくさんのことを学びました。本書の中にも、そのことが数多く綴られています。

そんな福原愛選手に感謝の意を表するとともに、この本を贈ります。

また、お名前は記すことはできませんが、私を個人トレーナーとして長期にわたって契約してくださっているクライアントの皆さん、この本がより実践的なもので、机上《きじょう》の空論ではないものにできたのは、皆さんが与えてくださった実践の場があってのことだと思っています。

いつもありがとうございます。そしてこれからもよろしくお願いいたします。

私の書きたいと思う内容を一番に優先してくださり、そして執筆できる時期まで気長に待ってくださり、そして素晴らしい編集をしてくださったさくら舎の古屋信吾さん・三浦千裕さん。書籍に対する真剣さとプロフェッショナルな姿勢のお二人と一緒にこの本を作り上げることができたことは、私にとって貴重な財産です。

そして最後にいつも私を陰で支えてくれている弊社のスタッフ、森本浩之、佐藤基之、広津千里、佐藤毅英、関守。皆に心から感謝。

２０１３年2月

中野ジェームズ修一

参考文献

『動機づけ研究の最前線』上淵寿編著（北大路書房）
『自律神経失調症』久保木富房監修／伊藤克人・宮坂菜穂子編（高橋書店）
『食行動の心理学』今田純雄編（培風館）
『食欲の科学』櫻井武著（講談社）
『モチベーション入門』田尾雅夫著（日本経済新聞社）
『あなたが演じるゲームと脚本』杉田峰康著（チーム医療）
『タイプA行動の診断と治療』メイヤー・フリードマン著／本明寛・佐々木雄二・野口京子訳（金子書房）
『セルフ・エフィカシーの臨床心理学』坂野雄二・前田基成編著（北大路書房）
『ハートをむしばむ性格と行動』福西勇夫・山崎勝之編（星和書店）
『行動変容マニュアル』竹中晃二編／(財)日本体育協会監修（ブックハウスＨＤ）
『メンタルスイッチ』岡本正善著（ダイヤモンド社）
『運動指導の心理学』杉原隆著（大修館書店）
『モチベーション３・０』ダニエル・ピンク著／大前研一訳（講談社）

著者略歴

フィジカルトレーナー、フィットネスモチベーター®。米国スポーツ医学会認定ヘルスフィットネススペシャリスト、日本健康心理学会認定健康心理士。一九七一年生まれ。「やる気が起きて継続できる」という独自の運動指導法であるモチベーションテクニックは、ロンドンオリンピックの卓球女子団体で銀メダルを獲得した福原愛選手や、クルム伊達公子選手などトップアスリートをはじめ多くの人たちから絶大な信頼を得ている。フィジカルトレーニングにモチベーション理論を導入した日本初のスポーツトレーナー。早稲田大学エクステンションセンター講師、アディダス契約アドバイザリーのほか、「やる気」に関する講演活動も全国で多数行う。

主な著書に、ベストセラー『きょうのストレッチ』（ポプラ社）、『体が若返る10の生活習慣』（ソフトバンク新書）、監修書には、『バランスボールエクササイズ』（成美堂出版）、『SHIHOトレ』（マガジンハウス）などがある。

はじめる技術《ぎじゅつ》 続《つづ》ける技術《ぎじゅつ》
――一流《いちりゅう》アスリートに学《まな》ぶ成功法則《せいこうほうそく》

二〇一三年三月一〇日　第一刷発行

著者　中野《なかの》ジェームズ修一《しゅういち》

発行者　古屋信吾

発行所　株式会社さくら舎　http://www.sakurasha.com
東京都千代田区富士見一-二-一一　〒一〇二-〇〇七一
電話　営業　〇三-五二一一-六五三三　FAX　〇三-五二一一-六四八一
編集　〇三-五二一一-六四八〇
振替　〇〇一九〇-八-四〇二〇六〇

装丁　萩原弦一郎（デジカル）

本文組版　朝日メディアインターナショナル株式会社

印刷　慶昌堂印刷株式会社

製本　大口製本印刷株式会社

ISBN978-4-906732-33-3